Klöster in Bayern

Jürgen Kaiser

Klöster in Bayern
1200 Jahre Kunst, Kultur und Alltagsleben

Mit Fotografien von Thomas Bachmann

THEISS

Fotonachweis:

AKG Images, Berlin:
Abb. Seite 79 (Foto: Heiner Heine)

Thomas Bachmann, Bamberg:
Abb. Seite 8, 11 rechts, 12, 14, 17, 18, 19, 20, 23 links u. rechts, 25, 26, 28, 29, 31, 32, 33, 34 links u. rechts, 37, 38, 40 links u. rechts, 41, 43, 44, 47, 52, 53 links u. rechts, 55, 58, 59, 60, 62, 68, 69, 70, 73, 77, 81, 84 links und rechts, 91, 92, 94 links u. rechts, 95, 96, 98, 101, 102 links u. rechts, 104, 106, 108, 109, 110, 113, 115 rechts, 116, 119, 121, 122, 123 links u. rechts, 125, 127, 128, 130, 131 links u. rechts, 133, 139 links u. rechts, 140, 143, 144, 145, 146, 147, 148, 149, 151, 153, 156, 157, vorderes und hinteres Umschlagbild

dpa-Picture-Alliance, Frankfurt am Main:
Abb. Seite 115 links (Foto: Stefan Kiefer)

Joachim Feist, Pliezhausen:
Abb. Seite 50, 75, 80

Roman von Götz, Regensburg:
Abb. Seite 63, 65 links u. rechts, 66, 72, 74, 83, 86, 89, 90, 134, 137

Wolf-Heinrich Kulke, Rottenburg am Neckar:
Abb. Seite 11 links, 78

Umschlagbilder vorne: Benediktbeuern (unten), Kreuzgang Steingaden (oben); **hinten:** St. Michael Bamberg (Fotos: Thomas Bachmann)

Bibliografische Information **Der Deutschen Bibliothek**
Die Deutsche Bibliothek verzeichnet diese Publikation in der Deutschen Nationalbibliografie; detaillierte bibliografische Daten sind im Internet über http://dnb.ddb.de abrufbar

Lektorat: Barbara Locher, Neuenbürg
Gestaltung: Finken & Bumiller, Stuttgart
Druck und Bindung: Druckhaus Beltz, Hemsbach
ISBN 3-8062-1897-8

Vorwort

Bayern gehört zu den reichsten Klosterlandschaften Europas. Mehr als ein Jahrtausend prägten die Ordensgemeinschaften – zunächst Benediktiner, dann auch Zisterzienser, Prämonstratenser und Augustiner-Chorherren sowie Bettelorden – das geistig-kulturelle Leben des Landes. Da nur einige Teile des heutigen Landes von der Reformation betroffen waren, bestanden die meisten Klöster bis zur Säkularisation 1803. Die Entstehung des Flächenstaates Bayern war nicht zuletzt auch ein Ergebnis dieser allgemeinen Enteignung, da sich der wittelsbachische Landesherr beträchtliche territoriale Gewinne verschaffen konnte. Auf einen Schlag verschwanden weit über das Land gestreute Kultur- und Geisteszentren höchsten Ranges. Schon in der ersten Hälfte des 19. Jh. sorgte allerdings König Ludwig I. von Bayern als einziger unter den deutschen Landesfürsten für einen Neubeginn klösterlichen Lebens und rettete somit bedeutende Teile dieses reichen kulturellen Erbes für die Nachwelt.

Die große Zeit der bayerischen Klöster war das 18. Jh. In einer gigantischen Erneuerungswelle als Ausdruck neu gewonnener Glaubensgewissheit errichteten fast alle Gemeinschaften prachtvolle Barockbauten oder statteten wenigstens das Innere der Kirchen zeitgemäß neu aus. Aus dieser einheitlich hohen Baukultur der Barockklöster ragen einige wie Amorbach, Ottobeuren, Ettal und Weltenburg besonders hervor. Doch auch für Freunde des Mittelalters bieten bayerische Klöster Einzigartiges wie die Zisterzienserkirchen in Ebrach, Heilsbronn und Kaisheim oder St. Ulrich und Afra in Augsburg. Vom blühenden wissenschaftlichen und wirtschaftlichen Leben blieb allerdings vor Ort selten etwas erhalten. Auch das reiche musikalische Schaffen ist nur noch in Kirchenkonzerten erlebbar, die vereinzelt die Kompositionen der Mönche wieder zu Gehör bringen.

Dieses Buch vereint 25 der schönsten Klöster des Landes. Die Auswahl, die nicht objektiv sein kann und will, richtet sich nach Besonderheit und Vollständigkeit des überkommenen Baubestandes und nach einer regional einigermaßen gerechten Verteilung. Trotz der großen Anzahl bayerischer Klöster war die Beschränkung Teil des Konzeptes. Denn »Klöster in Bayern« will kein Katalog, sondern Einstiegs-Literatur für interessierte Laien sein. Durch Format und Aufbau soll es Reisebegleiter vor Ort sein, aber auch zur Vorbereitung dienen. Daher runden Themenkästen zu Stichworten rund um das Thema »Kloster« sowie Grundrisse, Öffnungszeiten und Internet-Adressen das jeweilige Kapitel ab. Das architektonische Erscheinungsbild wird dabei nicht isoliert betrachtet, sondern in den jeweiligen geschichtlichen Rahmen eingebettet.

Dieser Band soll die Freude am reichen kulturellen Erbe Bayerns wecken, das in den Klöstern besonders intensiv erlebbar ist. Meist in schönster landschaftlicher Lage sind hier kunst- und kulturhistorische Höhepunkte zu genießen, deren Bedeutung weit über die Landesgrenzen hinausgeht. Neben touristischen Zielen ersten Ranges soll das Buch auch zu weniger bekannten, aber ebenso bedeutenden Klosteranlagen Bayerns locken.

Dr. Jürgen Kaiser

Inhaltsverzeichnis

Rokokojuwel im Odenwald
Benediktinerabtei Amorbach

Als glanzvolles Monument einer tausendjährigen Geschichte entstand Mitte des 18. Jh. im stillen Odenwaldtal ein großartiger Neubau der Abteikirche. Nur zwei Jahrzehnte vor der Auflösung der Abtei konnte eines der größten historischen Orgelwerke Süddeutschlands aufgestellt werden, dessen Klang noch heute jeden Konzertbesucher in seinen Bann schlägt.

Aus der Geschichte des Klosters

Die Anfänge klösterlichen Lebens in Amorbach waren schon den mittelalterlichen Mönchen nicht mehr genau bekannt. Dieses Vakuum wurde dafür mit einer umso ausgeschmückteren Legende gefüllt: Der hl. Pirmin soll hier als Gründer einer Missionszelle tätig gewesen sein, die 734 aus dem nahen Amorsbrunn an den heutigen Platz verlegt wurde. Die Ländereien stiftete angeblich ein Graf Ruthard von Frankenberg unter Mitwirkung von König Pippin, Vater Karls des Großen. Dem hl. Bonifatius schrieb man die Weihe der ersten Kirche zu. Der schöne Klostername, ursprünglich wohl als Bild für die kontinuierlich strömende Liebe Gottes an diesem Ort gewählt, führten die mittelalterlichen Mönche auf die legendäre Gestalt eines hl. Amor zurück, den ersten Abt des später nach ihm benannten Klosters.
Die historische Forschung hat von diesem Konstrukt nicht mehr übrig gelassen als die Gründung im 8. Jh. und den Auftrag zur Mission. Erst in der Barockzeit erfuhren die Amorbacher Mönche aus der Verdener Überlieferung, dass dort mehrere ihrer Äbte zugleich als Missionsbischöfe wirkten. Zudem war das Kloster Neustadt am Main in der Frühzeit Amorbach unterstellt. Zusammen mit überlieferten Gunstbeweisen karolingischer Herrscher zeigt dies deutlich, dass Amorbach zu den bedeutendsten ostfränkischen Klöstern gehört haben muss.
993 unterstellte Kaiser Otto III. Amorbach dem Bischof von Würzburg, der erfolgreich den Anschluss an die Gorzer Reform unterstützte. Amorbach stand in so gutem Ruf, dass von hier sogar der Gründungskonvent für Kloster Michelsberg in Bamberg geholt wurde. Bedeutendster Abt des Klosters war Richard I. (1012–1039), der von Kaiser Heinrich II. zur Erneuerung der Reichsabtei Fulda berufen wurde. Im späten 12. Jh. erhielten die Herren von Durne von den Staufern die Klostervogtei, die sie zum Ausbau ihrer eigenen Herrschaft nutzten; vom Glanz ihrer Hofhaltung künden noch heute die eindrucksvollen Ruinen der Wildenburg nahe Amorbach. 1253 ließen sie die Klostersiedlung zur Stadt erheben, mussten aber 1272 die Schutzherrschaft über die Abtei an den Mainzer Erzbischof verkaufen. Nachdem sich die Bürger Amorbachs im Bauernkrieg 1525 gegen die Abtei gewandt hatten, nahm ihnen der Erzbischof als Landesherr die Selbständigkeit. Überhaupt versuchte Mainz, jedes Emanzipationsbestreben Amorbachs zu unterdrücken und ließ sich 1656 von Würzburg auch die geistliche Oberhoheit übertragen.
1734 beging die Abtei ihr tausendjähriges Gründungsjubiläum, unter Aufbietung größtmöglichen barocken Prunks wurde eine ganze Woche lang gefeiert. Als Folge des durch das Jubiläum in Amorbach neu erwachten Geschichtsbewusstseins erschien nicht nur eine ausführliche Klosterchronik. Es wurden auch Überlegungen angestellt, dem eigenen Haus baulich neuen Glanz zu verleihen. Dachte man zunächst noch an eine Neudekoration der romanischen Basilika, gingen die Planungen rasch zu einem völligen Neubau über, der in den Jahren 1743–1747 verwirklicht werden konnte. Die Erneuerung der Konventgebäude erfolgte noch bis ins späte 18. Jh. hinein, als sich schon die französischen Revolutionsheere bedrohlich näherten. Mit der Inbesitznahme durch das Fürstenhaus Leiningen 1802, dem noch heute Kirche und Klostergebäude gehören, endete abrupt die Geschichte eines der religiösen und kulturellen Zentren des Odenwaldes.

Die Kanzel von Johann Wolfgang van der Auvera prunkt mit der ganzen Pracht der Würzburger Hofkunst

Rundgang durch das Kloster

Noch immer beherrschen die ausgedehnten Gebäude der ehemaligen Benediktinerabtei die kleine Odenwaldstadt. Imposantester Bauteil ist die Westfassade der Klosterkirche mit ihrer einzigartigen Mischung aus zwei hohen, romanischen Türmen des frühen 12. Jh. und einem vorgeblendeten barocken Mittelteil aus roten Sandsteinquadern. Jedem Barockschloss würde die doppelläufige Freitreppe zur Ehre gereichen, die den Besucher auf den festlichen Innenraum einstimmen soll, empfangen von den Statuen des hl. Benedikt und den drei hier verehrten römischen Märtyrern.

Die Vorbereitungen zur Erneuerung der Kirche begannen um 1740. Abt und Konvent entschlossen sich dann doch zu einem völligen Neubau, dessen Ausführung sie dem altbewährten kurmainzischen General und Architekten Maximilian von Welsch übertrugen. Die 1742–1747 errichtete Kirche, die nur wenig über die Größe des Vorgängerbaus hinausgeht, schöpft bei weitem nicht die räumlichen Möglichkeiten der Mitte des 18. Jh. aus. Diese konservative Grundhaltung scheint wohl von der Abtei vorgegeben worden zu sein, die zusammen mit den demonstrativ unverändert einbezogenen romanischen Türmen auch im Neubau ganz bewusst an die glanzvolle Vergangenheit erinnern wollte.

Der Ruhm der Amorbacher Abteikirche beruht daher vor allem auf der hervorragenden Innendekoration, für die der qualitätsbewusste Abt die führenden Künstler des süddeutschen Rokoko gewinnen konnte. Die nüchterne Raumschale bot den kongenialen Stuckateuren Johann Michael Feichtmayr und Johann Georg Üblher sowie dem Maler und Freskanten Matthäus Günther einen idealen Rahmen für ihre rauschhafte Ausstattungskunst. Das vom Konvent vorgegebene Freskenprogramm ist in den riesigen Gewölbeflächen von Langhaus und Vierung auf die

Benediktiner

Seinen Namen erhielt dieser wichtigste Orden der katholischen Kirche nach dem hl. Benedikt von Nursia (um 480–560). Dieser verfasste für seine auf dem italienischen Monte Cassino gegründete Mönchsgemeinschaft eine Regel, die auch von seiner Schwester Scholastika für den von ihr geleiteten Nonnenkonvent übernommen wurde. Die um 530 entstandene Benediktsregel formuliert in 73 Kapiteln allgemein gehaltene Grundsätze des Gemeinschaftslebens. Ihre besondere Qualität besteht darin, dass sie nicht alles bis ins Detail regelt, sondern dem jeweiligen Abt die Anpassung an die oft recht unterschiedlichen Klosterorte ermöglicht. Darüber hinaus mildert sie die asketische Strenge auf ein vernünftiges Maß ab und fordert zur gegenseitigen Rücksicht auf.

Benedikt erdachte sich nichts völlig Neues, sondern orientierte sich in weiten Teilen an der Magister-Regel (Anfang 6. Jh.) und anderen älteren Vorlagen. Neu ist die Ortsbeständigkeit des Mönches und die überragende Stellung des Abtes. Wenige Jahre nach seinem Tod wurde sein Lebenswerk Monte Cassino zerstört. Damit hätte auch seine Regel in völlige Vergessenheit geraten können, wenn sie nicht das Gütesiegel »römisch« erhalten hätte. Denn Papst Gregor der Große (590–604) verfasste eine Lebensbeschreibung des hl. Benedikt und rückte die Benediktsregel damit in das Bewusstein der christlichen Welt.

Besonders die Karolinger unterstützten ihre Verbreitung, wie sie überhaupt als römische Kaiser alles in Rom Gebräuchliche für das kirchliche Leben als Maßstab setzten. Die großen Reichsabteien erhielten durch sie eine entscheidende Förderung, zumal deren Äbte fester Bestandteil der damaligen Politik waren. Besonders im 11. und 12. Jh. erlebte das benediktinische Mönchtum durch die Reformabtei Cluny und die Zisterzienser eine enorme Verbreitung.

Mit ihrer schlossartigen Freitreppe und den romanischen Türmen ist die Amorbacher Fassade Maximilian von Welschs etwas Einzigartiges

Markenzeichen des Stuckateurs Johann Michael Feichtmayr und Inbegriff süddeutschen Rokokos sind seine verspielten Putten

Wundertaten und die Verherrlichung des hl. Ordensgründers Benedikt abgestimmt. In den Seitenschiffen sind vor allem die beiden westlichsten Deckenbilder von Interesse, die an die damals neu entdeckten Amorbacher Äbte des frühen 9. Jh. erinnern, die in Verden als Missionsbischöfe wirkten.

Wunderbar in den Raum eingepasst sind die elegant bewegten Rokokoaltäre, die ebenfalls von den Künstlern der Raumschale geschaffen wurden. Glanzpunkt der Ausstattung ist die prunkvolle Kanzel, die 1749/50 durch den überaus fähigen Würzburger Hofbildhauer Wolfgang van der Auvera entstand. Ebenfalls aus dem Kunstzentrum Würzburg lieferte Markus Gattinger zur gleichen Zeit das virtuose Chorgitter, das den Bereich der Mönche vom Langhaus trennt.

Zu den absoluten Höhepunkten süddeutscher Orgelbaukunst zählt das großartige Amorbacher Werk der Gebrüder Philipp und Heinrich Stumm aus Rhaunen-Sulzbach im Hunsrück, die hier 1782 mit einst 45 Registern auf drei Manualen ihr größtes Instrument schufen.

Die Kirchenfassade beherrscht den stimmungsvollen Schlossplatz, der Abtei- und Wirtschaftsgebäude trennt und ursprünglich von zwei Toren abgeschlossen wurde. Aus mittelalterlicher Zeit stammt noch die Klostermühle mit ihrem Treppengiebel und die Klosterscheune. Die Auflösung des Klosters 1802 verhinderte, dass sie im Zuge der groß angelegten Neubauplanungen durch einen regelmäßigen Wirtschaftshof ersetzt wurden. Vollendet wurde dagegen der lang gestreckte, schloss-

artige Konventbau, den man 1784–1787 vorsetzte. Kurz zuvor konnte der Westflügel mit den Wohn- und Repräsentationsräumen des Abtes zur Kirche hin verlängert werden. In den beiden Eckpavillons des Konventbaus finden sich mit Bibliothek und Festsaal die beiden Prunkräume der Abtei. Zu deren Ausgestaltung berief der Abt den schon seit 1788 mit der Dekoration der Prälatur beschäftigten Andreas Dittmann aus Gernsheim am Rhein. Seine Formen sind ganz dem Frühklassizismus französischer Prägung verpflichtet, die den Räumen einen ganz eigenen Reiz geben. Während der Fest- oder Grüne Saal von ihm 1791–1793 verziert wurde, gingen die Arbeiten an der Bibliothek bis in das Jahr der Klosterauflösung weiter. Damit steht die Amorbacher Bibliothek glanzvoll am Ende einer an Höhepunkten nicht gerade armen Entwicklung. Das Refektorium konnte in seiner originalen Farbfassung Blau-Weiß-Rot wieder hergestellt werden, die vom Abt in den Farben der französischen Revolution bestimmt wurde, damit beim drohenden Einfall dieser Truppen die Abtei geschont werden sollte.

Öffnungszeiten:
Kirche gegen Eintritt frei zugänglich,
Klostergebäude nur mit Führung
27. Dez.–14. März Sa. und So. 10.30–12.30
und 13.30–16.00 Uhr
15. März–08. Nov. Mo.–Sa. 9.30–17.45 Uhr,
So. 11.00–17.45 Uhr
09. Nov.–26. Dez. Mo.–So. 10.30–12.30
und 13.30–16.00 Uhr
Orgelvorspiel:
15. März–08. Nov. Mo.–Sa. 11.00 und
15.00 Uhr, So. 12.00 und 15.00 Uhr,
Dauer ca. 35 Min.
Info:
Fürstlich Leiningensche Verwaltung,
Tel.: 09373/9715-45
www.fuerst-leiningen.de
www.amorbach.de
www.abteikirche.de

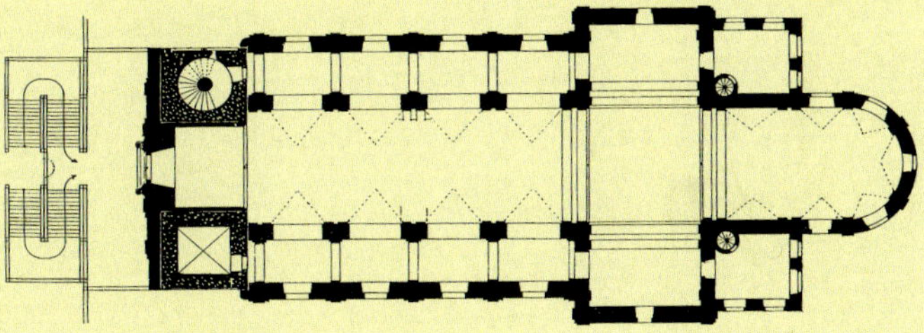

Die Amorbacher Kirche wurde von den besten Kräften des bayerischen Rokoko ausgestattet; berühmt ist die 1782 gelieferte Orgel der Gebrüder Stumm

Heiliger Berg Bayerns
Benediktinerabtei Andechs

Andechs bietet ein oberbayerisches Rundum-Erlebnis: zu Füßen des Berges ein See mit Alpenpanorama, auf der Höhe eine rokokoselige Wallfahrtskirche mit Kloster und davor der Trubel eines großen Biergartens.

Wahrzeichen des Heiligen Berges ist der zwiebelbekrönte, hohe Turm, der die Pilger schon von weitem grüßt

Aus der Geschichte des Klosters

Die exponierte Lage hoch über dem Ammersee verweist deutlich auf die Vorgeschichte des Berges als Burg der Grafen von Andechs-Meranien. Nachdem dieses bedeutende Adelsgeschlecht im 12. Jh. seinen Stammsitz Dießen in ein Hauskloster umgewandelt hatte, wurde die Residenz auf die andere Seite des Sees verlegt. Die Geschichte der Burg endet wohl schon kurz vor der Mitte des 13. Jh., nachdem die Wittelsbacher gewaltsam das Erbe der Grafen angetreten hatten. Nur die dem hl. Nikolaus geweihte Burgkapelle scheint noch weiter bestanden zu haben.

Rund 140 Jahre später begann die Entwicklung zum bayerischen Staatsheiligtum. Zu verdanken ist dies der Legende nach einer Maus, die 1388 während einer Messe zwischen den Altarstufen mit einem Zettelchen hervor kroch. Da hierauf eine Reliquie bezeichnet war, ließen die Ebersberger Mönche, denen die Kapelle unterstand, sofort nachgraben und entdeckten einen reichen Reliquienschatz. Zum Ursprungsbestand gehören neben Reliquien der Passion Christi, Mariens, der hll. Petrus, Martin und Elisabeth auch das Kreuz, das angeblich Engel Karl dem Großen vor dessen Sieg über die Ungläubigen gebracht hatten. Zentrum der Sammlung sind aber drei Hostien, die sich wundersam verändert hatten und angeblich von den Päpsten Gregor dem Großen und Leo IX. stammten.

Da sich keine schriftlichen Zeugnisse erhalten hatten, griffen die Ebersberger Mönche zu einer im Mittelalter häufig angewandten, mehr oder weniger frommen List. Sie trugen durch verschiedene Schreiber in ein Messbuch des 10. Jh. Erzählungen, Urkunden- und Briefabschriften ein, einzig mit dem Zweck, Herkunft und Bedeutung der Reliquien möglichst großartig und glaubwürdig darzustellen. Da diese Fälschung oder besser gesagt Geschichtsverbesserung noch im 18. Jh. anerkannt war, findet sich die Legende des Heiltumsschatzes anschaulich als Bildergeschichte an der Empore der heutigen Kirche. Als wahrer Kern kann wohl angenommen werden, dass mehrere Mitglieder der Andechs-Meranier als Kreuzfahrer Reliquien aus dem Heiligen Land mitbrachten. Schon im frühen 12. Jh. ist urkundlich belegt, dass Graf Berthold II. seine Untertanen zur jährlichen Wallfahrt zu diesen Schätzen seiner Burgkapelle aufforderte.

Die Reliquien wurden nach ihrer Wiederentdeckung zunächst in das Kloster Ebersberg geholt, von wo sie aber auf herzoglichen Befehl 1389 nach München in die Hofkapelle gebracht werden mussten. Die Wittelsbacher fühlten sich auch in diesem Punkt als Erben der Andechs-Meranier. In Verbindung mit der Ausrufung eines Ablasses, wie er in Rom nur im Heiligen Jahr erworben werden konnte, wurde der Heiltumsschatz 1392 von einer riesigen Menschenmenge verehrt und damit bayernweit bekannt. Die Münchner Wittelsbacher scheinen schon damals beabsichtigt zu haben, ein Kloster in Andechs zu errichten, um die Wallfahrten zu den Reliquien, die dorthin zurückkehren sollten, zu betreuen. Zunächst wirkten Chorherren aus Stift Dießen in der Kapelle, die 1423–1427 eine dreischiffige Hallenkirche für die herbeiströmenden Wallfahrer errichteten. 1438 gründete Herzog Ernst ein weltliches Chorherrenstift, das aber schon 1455 durch Herzog Albrecht III. mit Mönchen aus dem erfolgreich erneuerten Benediktinerkloster Tegernsee besetzt wurde. Als eigentlicher Stifter ließ er sich hier mit seiner Familie begraben. Andechs entwickelte sich neben Altötting zum bedeutendsten Wallfahrtsort Bayerns. Schon 1455 strömten allein an einem der drei Wallfahrtstage etwa 40 000 Pilger zusammen. Den Gläubigen, die sich vor der Kirche versammelten,

wurden die Reliquien aus dem Erker der heutigen Hedwigskapelle gezeigt. Bis heute ist die Anziehungskraft des Heiligen Berges ungebrochen. Votivkerzen und -bilder künden vom jahrhundertelangen Vertrauen der Wallfahrer.
Die Münchner Herzöge griffen im 16. Jh. mehrfach in innerklösterliche Belange ein, um den wirtschaftlichen und seelsorgerlichen Niedergang zu stoppen. Doch erst im 17. Jh. gelang unter Abt Michael Einslin (1610–1640) die endgültige Wende. Die katastrophale Situation während des Dreißigjährigen Krieges schildert eindrucksvoll das Tagebuch Abt Maurus Frieseneggers (1640–1655). Kaum hatte sich das Kloster einigermaßen erholt, legte ein verheerender Brand 1669 die mittelalterlichen Gebäude in Schutt und Asche. Einen Höhepunkt der Klostergeschichte bildete das 300-jährige Gründungsjubiläum 1755, für das ab 1751 die Kirche völlig umgestaltet wurde. Für die Feierlichkeiten, die eine Woche andauerten, komponierte der überaus fähige Klosterkomponist P. Gregor Schreyer für jeden Tag eine Messe. Neben dem Kurfürst verehrten Zehntausende von Wallfahrern die Heiltümer.
Trotz seiner engen Verbindung mit dem Herrscherhaus entging auch Kloster Andechs nicht der Säkularisation 1803. 1846 erwarb König Ludwig I. die zweck-

Klöster als Reliquiensammler

Unabdingbar für ein mittelalterliches Kloster war der Besitz von Reliquien. Dies sind entweder Überreste von Heiligen oder Gegenstände bzw. Stoffe, die von diesen benutzt oder später in Kontakt mit deren Gebeine gebracht worden waren. Meist besaß das Kloster nur dann vollständige Gebeine eines Heiligen, wenn dieser dort begraben worden war. Daher sind Reliquien oft kleine Stückchen, die man entweder geschenkt bekam oder kaufte. Immer wieder wurde geteilt, damit auch andere Gemeinschaften Reliquien dieses Heiligen besitzen konnten. Besonders kostbar waren Gegenstände, die mit Christus und Maria in Verbindung gebracht wurden.
Dem mittelalterlichen Glauben nach steckte auch im kleinsten Teil die Wirkungskraft des ganzen Heiligen. Da diese von Gott gleich in den Himmel aufgenommen worden waren, während normale Menschen bis zum Jüngsten Gericht warten mussten, waren sie ideale Fürsprecher am Thron Gottes. Gebeten, die im Angesicht der Reliquien gesprochen wurden, maßen die Gläubigen höheren Wert bei – gleichsam ein »Rotes Telefon« mit Direktanschluss. Um den Besuch der Reliquienschätze und Heiligengräber noch attraktiver zu machen, bemühten sich die Klöster, Ablässe zu erlangen. Dadurch konnten die Wallfahrer zu Lebzeiten ihr »Sündenkonto« beträchtlich reduzieren. Wallfahrten, besonders wenn sie solche Dimensionen wie in Andechs erreichten, waren zudem ein bedeutender Wirtschaftsfaktor.
Auch der mittelalterliche Mensch machte sich seine Gedanken über den Wahrheitsgehalt so seltsamer Dinge wie Milch und Haare der Gottesmutter oder der unzähligen Passionsreliquien. Daher stellte die Amtskirche oftmals Beglaubigungsschreiben aus. Wenn sich Wunder einstellten wie Krankenheilungen, galt dies immer als Beweis der Echtheit. In Andechs findet sich zudem die Kombination eines reichen Reliquienschatzes mit einem wundertätigen Gnadenbild Mariens. Den Klöstern wetteiferte im Sammeln von Reliquien im Spätmittelalter auch der Hochadel nach. Daher versuchten die bayerischen Herzöge nach dem wundersamen Fund der Andechser Reliquien 1388 diesen Schatz in ihre Residenz zu holen, mussten ihn aber einige Jahre später wieder zurückbringen. In der Barockzeit kam es in Bayern zu einem zweiten Reliquien-Boom, als durch die Wiederentdeckung der frühchristlichen Katakomben Roms eine Überfülle »heiliger Leiber« zur Verfügung stand. Da diese einfach zu Märtyrern erklärt wurden, kauften fast alle bayerischen Klöster, darunter auch Andechs, in Rom teuer ein und ließen diese Skelette von Nonnen oder weltlichen Kräften kostbar fassen, um sie in gläsernen Schreinen in der Kirche auszustellen. Auf den heutigen Betrachter wirken sie in ihrer morbiden Pracht meist befremdlich, während sie für den Barockmenschen als Bewohner der Himmelsstadt ihre Kirche zum Symbol des himmlischen Jerusalem aufwerteten.

Vor der Kirche versammelten sich die Pilger, denen aus dem Erker die Reliquien gezeigt wurden

entfremdeten Gebäude als landwirtschaftliches Gut für die von ihm in München gegründete Benediktinerabtei St. Bonifaz. Diese richtete 1850 ein Priorat ein, das bis heute fortbesteht.

Rundgang durch das Kloster

Zentrum und Gipfel des Heiligen Berges, der durch moderne Gebäude der bekannten Klosterbrauerei stark geprägt wird, bildet die Kloster- und Wallfahrtskirche. Hinter dem hoch aufragenden Bau entziehen sich die Konventgebäude fast dem Blick. Der schlanke Achteckturm mit seiner markanten Zwiebelhaube grüßt schon von weitem die Wallfahrer. Kern des Baus bildet noch immer die Hallenkirche des 15. Jh. Zum Jubiläum 1755 verwandelten sie die fähigsten Künstler des Münchner Hofes in eine der schönsten bayerischen Rokokokirchen. Johann Baptist Zimmermann überzog den nicht allzu großen, hohen Raum mit reich bewegtem Stuck und farbenfrohen Fresken, die den Raum in ein Zelt Gottes uminterpretieren. Die drei großen Gewölbefresken vergleichen Andechs mit dem heilbringenden Teich Bethesda. Die Himmelfahrt Christi verweist auf das Endziel jedes Christen,

während der Himmel über dem Hochaltar von Heiligen bevölkert wird, die in besonderer Verbindung mit Andechs und seinem Heiltumsschatz stehen. Anstelle der Dreieinigkeit findet sich im Zentrum eine Darstellung der hl. drei Andechser Hostien.
Mit der Aufwärtsbewegung der gotischen Pfeiler konkurriert der Zug der geschwungenen Empore hin zum Hochaltar. Dieser ist doppelt angelegt, da im unteren Bereich das spätgotische Gnadenbild der Muttergottes, darüber die Nische zur Aussetzung der wundertätigen Hostien eingefügt sind. Zu den Spitzenwerken der an Höhepunkten nicht gerade armen bayerischen Rokokoplastik zählen die Altar- und Emporenfiguren Franz Xaver Schmädls und Johann Baptist Straubs. Links vom oberen Hochaltar ehrte das Kloster seinen hier begrabenen Stifter mit einer täuschend lebensechten Darstellung. Wie in Weltenburg und Dießen liegt der Mönchschor auf der Orgelempore. Eine Treppe im nördlichen Seitenschiff führt zur Heiligen Kapelle, wo die Überreste des Heiltumsschatzes verwahrt werden, und zur Schatzkammer.

Eigentlicher Gründer des Klosters war Herzog Albrecht III., der von Zimmermann als lebensnahe Stuckfigur verewigt wurde

Johann Baptist Zimmermann verwandelte die spätgotische Hallenkirche in ein Wunderwerk bayerischen Rokokos

Öffnungszeiten:
Kirche tagsüber geöffnet, Heilige Kapelle (Reliquienschatz) nur mit Führung

Info:
Kloster Andechs, Tel.: 08152/3760
www.kloster-andechs.de

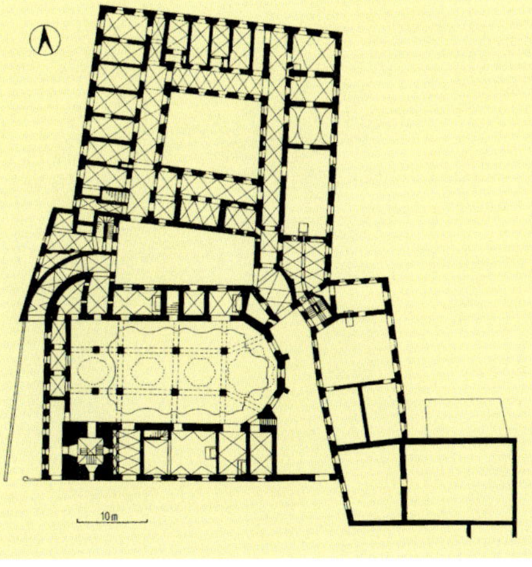

Märtyrerin mit Vergangenheit
Benediktinerabtei St. Ulrich und Afra Augsburg

Die eindrucksvolle Augsburger Stadtlandschaft entfaltet sich zwischen den beiden städtebaulichen Dominanten der Kathedrale und der ehem. Reichsabtei St. Ulrich und Afra. Über dem Grab der einzigen bezeugten frühchristlichen Märtyrerin Bayerns erhebt sich eine der prachtvollsten spätgotischen Kirchen des Landes mit einer ganz besonderen Altarausstattung.

Aus der Geschichte des Klosters

Der Legende nach war Afra die Tochter eines Königs von Zypern, die nach dessen Tod mit ihrer Mutter Hilaria nach Rom floh. Dort arbeitete sie als Edelprostituierte, zog weiter nach Augsburg, damals Hauptstadt der Provinz Rätien, und eröffnete mit ihrer Mutter ein Bordell. Als der verfolgte Bischof Narzissus bei ihnen Unterschlupf fand, bekehrten sie sich. Ihr Onkel Dionysios wurde von ihm zum ersten Augsburger Bischof geweiht. Während der Christenverfolgung unter Kaiser Diokletian bekannte sich Afra standhaft zu ihrem neuen Glauben und wurde 304 auf dem Lechfeld verbrannt. An der angeblichen Stelle erhebt sich heute die spätbarocke Kapelle St. Afra auf dem Felde bei Friedberg. Ihre Mutter ließ sie außerhalb der Stadt auf dem Friedhof an der südlichen Fernstraße nach Italien begraben. Als ihre drei treuen Dienerinnen am Grab beteten, wurden auch sie gefasst und hingerichtet, ebenso Hilaria.

Schon früh scheint Afras Grab eine weit verbreitete Verehrung gefunden zu haben. Spätestens seit karolingischer Zeit betreute eine Gemeinschaft von Priestern die Wallfahrtsstätte. Die frühen Augsburger Bischöfe suchten die Nähe des Heiligengrabes und ließen sich hier begraben. So fand auch der berühmteste aller Augsburger Oberhirten, der hl. Bischof Ulrich 973 hier seine letzte Ruhe. Er war der heldenhafte Verteidiger der Stadt gegen die Ungarn, die 955 bei der Schlacht auf dem Lechfeld entscheidend geschlagen werden konnten. Bischof Ulrich ist der erste deutsche Heilige, dessen Kanonisation vom Papst vorgenommen wurde (993).

Wohl um 1012 wandelte Bischof Bruno (1006–1029), Bruder Kaiser Heinrichs II., das Stift in eine Benediktinerabtei um. Den Gründungskonvent holte er sich aus dem Reformkloster Tegernsee. Die Abtei blieb in bischöflichem Besitz und wurde durch die Ausdehnung des mittelalterlichen Augsburgs in die Stadtmauern miteinbezogen. Seit der Mitte des 13. Jh. erlebte die Abtei mehrere Krisenphasen sowohl wirtschaftlicher als auch innerklösterlicher Art. Nach verschiedenen Reformansätzen gelang erst unter Abt Melchior von Stammhaim (1458–1474) die vollständige Anbindung an die Melker Reform. In der Zeit zwischen 1460–1520 erlebte St. Ulrich und Afra durch den Anschluss an den Humanismus eine wissenschaftliche Glanzzeit. Eine eigene Klosterdruckerei wurde eingerichtet. Mit der Heiligsprechung des hier begrabenen Bischofs Simpert (gest. 807) 1468 gewann das Kloster einen dritten großen Heiligen hinzu. Zu dieser Zeit besaß die Abtei einen sehr großen Reliquienschatz, gefasst in kostbarste Behältnisse, die an den Wallfahrtstagen dem Volk gezeigt wurden.

Ende des 15. Jh. hatte die Abtei durch den aufwendigen Kirchenbau hohe Schulden aufgehäuft. Abt Johannes VI. Schrott (1510–1527) vergrößerte diese erheblich durch sein mondänes Lotterleben. Durch die Verbreitung der Reformation in Augsburg musste die Abtei 1529 das große Predigthaus vor der Kirche an die evangelische Seite abtreten. 1537 flohen der Abt und der größte Teil des Konventes. Die wertvolle Ausstattung der gerade neu errichteten Kirche zerstörten Augsburger Bilderstürmer. Erst 1548 kam der Konvent mit Unterstützung Kaiser Karls V. zurück.

Abt Jakob Köplin (1548–1600), ein fähiger und tatkräftiger Mann, hatte aus dieser schlimmen Erfahrung gelernt. Er erwarb nun vorrangig Besitz im katholischen Bayern und begann einen zähen Kampf um die Unabhängigkeit gegenüber Stadt und Bischof, die nur durch die Reichsfreiheit zu erreichen war. 1577 war sein Wirken von Erfolg gekrönt. Doch erst 1643 erkannte auch der Augsburger Bischof

Als machtvoller Riegel schließt St. Ulrich und Afra die prachtvolle Augsburger Maximilianstraße ab

gegen eine große Entschädigung die Reichsfreiheit an. Mit der halb katholisch, halb evangelisch regierten Stadt befand sich die Abtei nun bis zu ihrer Auflösung in einem permanenten Kleinkrieg.
Während der hier abgehaltenen Wahlen Ferdinands IV. (1653) und Josephs I. (1690) zum deutschen König konnte sich St. Ulrich und Afra ganz im neu gewonnenen Glanz seiner Reichsunmittelbarkeit sonnen. Drei äußerst repräsentationsfreudigen, aber wirtschaftlich unfähigen Äbten ist es im 18. Jh. zu verdanken, dass die Abtei 1776 vor dem Bankrott stand. Nur durch umfassenden Güterverkauf konnte der völlige wirtschaftliche Zusammenbruch verhindert werden. Der Besuch Papst Pius VI. 1782 überstrahlte nur kurz die allgemeine Misere.
1802 wurde auch hier die Auflösung des Klosters durchgeführt, obwohl der Abt persönlich beim Kurfürsten in München vorstellig geworden war. Der Konvent blieb zunächst zusammen und beging in dieser trostlosen Lage 1804 noch den 1500-jährigen Todestag seiner Patronin. Im folgenden Jahr richtete die Stadt hier ein Militärhospital ein. Die Mönche mussten die Gebäude verlassen.

Rundgang durch das Kloster

Am Ende der prachtvollen Augsburger Maximilianstraße erhebt sich als mächtiger Abschluss die Abteikirche St. Ulrich und Afra. Ausgrabungen wiesen ein spätrömi-

Suche nach Vollkommenheit – Entwicklung des christlichen Mönchtums

Das christliche Mönchtum hat seine Wurzeln in Ägypten. Dort entstanden im 4. Jh. abseits der Siedlungen große Eremitenkolonien, die sich um einzelne Führungspersönlichkeiten wie den hl. Antonius (gest. 356) scharten. Ziel war die Selbstheiligung durch strenge Askese, d. h. Abtötung der menschlichen Bedürfnisse. Zur gleichen Zeit entwickelte der hl. Pachomius (gest. 346) schon die Vorläufer unserer Klöster.
Als ehemaliger römischer Soldat organisierte er das Gemeinschaftsleben nach militärischem Vorbild in kasernenartigen Bauten, geleitet von einem Abt. Handarbeit war neben den Gebeten für alle Pflicht, da sich die Mönche vom Erlös selbst hergestellter Produkte ernähren mussten. Das Ideal der persönlichen Armut blieb gewahrt, denn der gemeinschaftliche Besitz gehörte dem Kloster und damit Christus selbst. Schon Pachomius gründete Nonnenklöster, sodass auch Frauen die Möglichkeit gegeben war, außerhalb von Familie und Gemeinde ein streng religiöses Leben zu führen. Vorbild des Klosterlebens war die Jerusalemer Urgemeinde.
Der hl. Augustinus (354–430) schuf als Bischof im nordafrikanischen Hippo für den Domklerus ein reines Klerikerkloster, dem er eine eigene Regel gab. Darin sind neben der Forderung nach Armut, Enthaltsamkeit und Gemeinschaftsleben nun auch feste Zeiten für das Psalmengebet vorgesehen. Der regelmäßige Wechsel von Gebet und Arbeit bzw. Studium wurde von nun an typisch für das abendländische Mönchtum.
Um 400 entstanden die ersten Klöster in Südfrankreich. Der hl. Martin von Tours (316–397) gab seinen Mönchen nach dem Vorbild der Apostel einen missionarischen Zug mit auf den Weg. Wichtig wurden die irischen Mönche, die im Frankenreich das Klosterleben und den christlichen Glauben verbreiteten. Ein bedeutender Vertreter dieser sog. iro-schottischen Mission war der hl. Columban (um 543–615), der eine eigene, strenge Klosterregel schuf. Als Zentrum seines Wirkens gründete er in den Vogesen Kloster Luxeuil, von dem aus sich das sog. iro-fränkische Mönchtum weit verbreitete, darunter auch im benachbarten Herrschaftsgebiet der Alamannen. Gelebt wurde nach der Mischregel, die sich aus der Columban- und der Benediktsregel gebildet hatte.

Dem Bildersturm entging die spätgotische Muttergottes des Ulmer Bildhauers Gregor Erhart

Auf der Schwelle zwischen Spätgotik und Barock steht die großartige Altarausstattung Hans Deglers. Hier der Afra-Altar von 1607

sches Gräberfeld und mehrere aufeinanderfolgende Kirchenbauten nach. Als Verehrungsstätte zweier bedeutender Heiliger war der romanische Vorgängerbau zweischiffig mit zwei Apsiden angelegt. Den Grundstein der heutigen Kirche legte 1467 Abt Melchior von Stammhaim, der große Erneuerer des Klosterlebens. Der gewaltige Backsteinbau von über 93 m Länge sollte deutlich mit dem Dom konkurrieren. Unter dem Baumeister Valentin Kindlin aus Straßburg ging der Neubau zügig voran, sodass das Langhaus schon 1473 überdacht werden konnte, bevor die Gewölbe ausgeführt werden sollten. Im folgenden Jahr zog ein Orkan über die Stadt, hob den Dachstuhl an und brachte den Neubau zum Einsturz. Viele Opfer waren zu beklagen. Unter dem neuen Architekten Burkhard Engelberg entstanden bis 1500 Lang- und Querhaus in der heutigen Form. Im gleichen Jahr legte Kaiser Maximilian den Grundstein für den Baubeginn des Chores mit seinen beiden Türmen, der aber aufgrund der Reformationswirren jahrzehntelang unvollendet liegen blieb. Erst 1594 war der Afraturm vollendet, der mit über 93 m Höhe genau die Kirchenlänge erreicht und die Fernsicht der Stadt dominiert. Entgegen dem gotischen Entwurf Engelbergs wurde er nun in Renaissanceformen errichtet, die in Augsburg früh von Italien aufgenommenen worden waren. Der Ausbau des Ulrichturmes unterblieb. Noch ganz dem gotischen Plan folgt der Chor, der zum 1300-jährigen Jubiläum des Martyriums der hl. Afra 1603 vollendet werden konnte.
Das Innere der dreischiffigen Basilika erhält durch seine Mittelschiffhöhe von 30 m fast kathedralhafte Züge. Von großartigster Wirkung ist die reiche Ausstattung der Kirche, die nach den schweren Zerstörungen des Bildersturmes neu

geschaffen werden musste. Zwischen der Vollendung der Kirche 1603 und dem 600-jährigen Gründungsjubiläum der Abtei ließ Abt Johann Merk (1600–1632) unter großem finanziellem Einsatz durch den Weilheimer Bildschnitzer Hans Degler das beeindruckende Ensemble des Hochaltars und der beiden Seitenaltäre entstehen. In einzigartiger Weise setzen sie die reiche Tradition süddeutscher Schnitzaltäre in Renaissanceformen fort, die in ihrem Figurenreichtum schon auf den Barock verweisen. Während der über 23 m hohe Hochaltar die Geburt Christi schildert, zeigen die beiden Nebenaltäre neben den beiden Kirchenpatronen die Hochfeste Pfingsten und Ostern. Gleichzeitig mit diesen Altären entstanden die Kanzel sowie das Orgelgehäuse samt bemalten Flügeln.

Am Choreingang erhebt sich als Beispiel für die hochstehende Augsburger Bronzegusskunst die 1605 nach Entwürfen von Hans Reichle aufgestellte Kreuzigungsgruppe. Auf diesen geht auch das repräsentative, von Putten getragene Weihwasserbecken zurück. Aus der reichen Ausstattung von Chor und Querhaus sei nur noch die ausnehmend schöne spätgotische Muttergottesfigur des berühmten Bildhauers Gregor Erhart erwähnt. Die beiden Tafeln im linken Querhaus mit Szenen aus der Ulrichs-Legende gehören zum besten, was Augsburger Malerei Mitte des 15. Jh. geschaffen hat. Das südliche Seitenschiff öffnet sich in einer Reihe spätgotischer Kapellen, die als private Stiftungen vor allem den Fuggern als Grablege dienten und entsprechend prächtig ausgestattet wurden. Besonders hervorzuheben ist die Simpertus-Kapelle, die die Abtei nach der Erhebung der Gebeine 1479 errichten ließ. Eine prachtvolle spätgotische Empore, die als Abtskapelle diente, überspannt seit dem Ende des 15. Jh. wie ein Baldachin das Heiligengrab. Die Grabfigur des Simpertus wurde 1714 von einem Füssener Künstler neu geschaffen, während die vergitterte Schranke mit den virtuos bewegten Terrakottafiguren der zwölf Apostel frühbarocke Werke eines italienischen Bildhauers sind.

1962 ließ der Augsburger Bischof unter der Vierung eine Krypta zur Verehrung der beiden Stadt- und Bistumspatrone anlegen. Dabei konnte die 1762 neu gestaltete Grabkapelle des hl. Ulrich mit dessen ansprechender Liegefigur mit einbezogen werden. Gegenüber steht ein spätrömischer Sarkophag, der 1064 beim Neubau der Kirche gehoben und dessen Inhalt damals aufgrund von Brandspuren zu den Gebeinen Afras erklärt wurde.

Die großzügigen Klostergebäude waren 1580/1600 als anspruchsvolle Renaissancebauten neu entstanden, gingen aber im Zweiten Weltkrieg vollständig unter. Heute erhebt sich an ihrer Stelle das Bildungshaus der Diözese.

Öffnungszeiten:
Kirche tagsüber geöffnet, Schatzkammer nur mit Führung
Info:
Kath. Pfarramt, Tel.: 0821/345560
www.augsburg.de
www.ulrichsbasilika.de

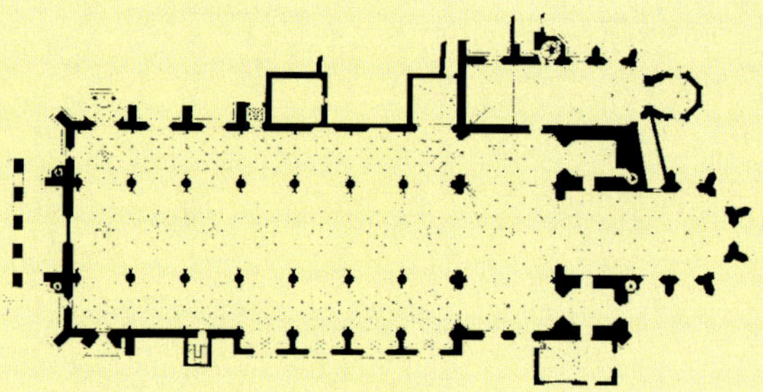

Stadtkrone mit Himmelsgarten
Benediktinerabtei St. Michael Bamberg

Bambergs im wahrsten Sinne überragendes Bauwerk ist neben dem Dom die Abtei St. Michael. In prachtvoller Hügellage bekrönt die monumentale Anlage aus Romanik, Nachgotik und mainfränkischem Barock die einzigartige Altstadt.

Hoch über der Altstadt thront die Abtei St. Michael

Aus der Geschichte des Klosters

Nach Errichtung des Bistums Bamberg 1007 durch Kaiser Heinrich II. und seine Gattin Kunigunde erfolgte der weitere Ausbau der Diözesanhauptstadt. Hierzu gehörte die wohl 1015 erfolgte Gründung einer Benediktinerabtei auf dem Michelsberg durch Bischof Eberhard. Gleichzeitig begann der Kirchenbau, der 1021 mit einem Staatsakt unter Teilnahme Kaiser Heinrichs II. und der Führungsschicht des Reiches eingeweiht wurde. Die Lage des Michaelsheiligtums erinnert an die bedeutendste Verehrungsstätte auf dem Monte Gargano in Apulien, wohin auch Heinrich II. schon gepilgert war. Der Engelsfürst sollte gleichsam den Norden der Stadt schützen. Kloster Michelsberg war zusammen mit den Stiften St. Stefan und St. Gangolf Teil des T-förmigen Kirchenkreuzes mit dem Dom in der Mitte, da nach der Vision des Ezechiel dieses Zeichen die Gerechten beim Jüngsten Gericht schützen sollte.

Die den nachgotischen Türmen vorgeblendete Barockfassade ist von stadtrömischen Vorbildern inspiriert

Die benachbarte Domschule, die zu den wichtigsten Eliteschmieden des Reiches gehörte, spornte auch Klosterschule und Schreibstube auf dem Michelsberg zu Höchstleistungen an. Bedeutendster Lehrer war der 1103 verstorbene Mönch Frutolf, der musiktheoretische und naturwissenschaftliche Werke, vor allem aber 1099 seine Weltchronik verfasste.
Zweiter Gründer der Abtei wurde Bischof Otto (1102–1139). Er gehört zu den großen Gestalten des 12. Jh. Kaiser Heinrich IV. übertrug ihm die Aufsicht über den Um- und Weiterbau des Speyerer Domes, damals die größte Baustelle Europas. Anschließend erhielt er das Bamberger Bistum. Otto machte sich vor allem durch Pommernmission und zahlreiche Klostergründungen zur Absicherung Bamberger Herrschaftsrechte einen Namen, was ihm fünfzig Jahre nach seinem Tod die Heiligsprechung einbrachte.
Seine besondere Sorge galt der Michaelsabtei, deren religiöses Leben er 1112 durch Einführung der Hirsauer Reform erneuerte. Nach einem Erdbeben 1117 konnte Otto auch hier als Bauherr tätig werden. Innerhalb von vier Jahren war der großartige Neubau vollendet, der sich an der Hirsauer Abteikirche orientierte.
Obwohl die Michaelsabtei riesigen Grundbesitz in 441 Orten hatte, geriet sie vor allem im 15. Jh. in eine schwere Wirtschaftskrise. Gründe waren die weite Streuung der Ländereien, fehlende einheitliche Verwaltung, hohe Verschuldung sowie zurückgehende Pachteinnahmen. Auch innerhalb des Konventes war die Krise nicht mehr zu übersehen: Die adeligen Mönche, deren Zahl stark zurückgegangen war, führten ein völlig unmönchisches Wohlleben. Verschiedene Reformversuche seitens des bischöflichen Herrn scheiterten, bis durch Abt Eberhard von Venlo (1463–1475) gegen große Widerstände der Anschluss an die Bursfelder Reform durchgeführt werden konnte. Nach Jahrzehnten der Vernachlässigung mussten er und sein Nachfolger auch Kirche und Klostergebäude erneuern lassen.
Nachdem Ende des 16. Jh. die romanische Hauptapsis zugunsten eines spätgotischen Chores niedergelegt worden war, verursachte die Unachtsamkeit eines Dachdeckers 1610 einen Großbrand, dem die romanische Kirche mit Ausnahme der gewölbten Ostteile zum Opfer fiel. Das Grab des hl. Otto blieb wundersam verschont, was die Wallfahrt belebte. Innerhalb von sieben Jahren waren Langhaus und Türme in nachgotischen Formen neu errichtet und ausgestattet.
Ende des 17. Jh. begann unter Abt Christoph Ernst von Guttenberg (1689–1724) jene eindrucksvolle Barockisierung, die noch heute das Erscheinungsbild des Michelsberges prägt. Auslöser der Baumaßnahmen war diesmal keine Brandkatastrophe, sondern der Versuch des Klosters, seine Freiheitsbestrebungen gegenüber dem Fürstbischof zu demonstrieren. Dieser hatte sich auf dem Nachbarhügel gerade eine prachtvolle Residenz errichten lassen, der man etwas entgegen setzen musste. Nachdem Abt Christoph die wieder etwas zerrüttete Klosterwirtschaft stabilisiert hatte, konnte er 1696 den fürstbischöflichen Architekten Johann Leonhard Dientzenhofer mit der Ausarbeitung von Plänen beauftragen. Aus Finanzgründen wurde die alte Kirche beibehalten, mit einer prunkvollen Westfassade aber repräsentativ aufgewertet. Bis 1712 waren die großzügigen Klostertrakte im Norden der Kirche vollendet und wurden sukzessive ausgestattet. Zehn Jahre später leistete sich Abt Christoph noch eine schlossartige Freitreppe vor der Kirche, geplant von Johann Dientzenhofer.
Abt Anselm Geisendörfer (1724–1743) betätigte sich ebenfalls als Bauherr. Auf ihn gehen unter anderem Sakristei und Marienkapelle zurück, die seitlich den goti-

Hunderte verschiedener Pflanzendarstellungen verzieren das Gewölbe – ein wahrer Himmelsgarten

schen Chor rahmen, sowie die hochinteressante Heilig-Grab-Kapelle am Querhaus und die ersten Gartenterrassen. Zur Verehrung des Otto-Grabes ließ er eine Krypta anlegen. Unter ihm, der aufgrund seiner Strenge unter den adeligen Mönchen nicht besonders beliebt war, eskalierte der latent schwelende Streit mit den Fürstbischöfen um die vermeintliche Reichsfreiheit des Klosters. Abt Anselm steckte Unsummen in Prozesse und floh schließlich 1740, da der Fürstbischof ihn für geisteskrank erklären und absetzen wollte. Drei Jahre reiste er durch Europa, um Verbündete für seinen Kampf zu finden, wurde aber schließlich durch Abt Ludwig Dietz (1743–1759) ersetzt. Erst 1773 starb Altabt Anselm, der ruhelos von Kloster zu Kloster zog.

1802 wurde die Abtei aufgelöst und völlig ausgeräumt. Aufgrund des Einsatzes von Dr. Adalbert Friedrich Marcus konnten schon im folgenden Jahr die riesigen Gebäude für das Bürgerspital genutzt werden, das noch heute hier ein Altersheim unterhält. 1979 richtete eine Privatinitiative in der alten Klosterbrauerei im Wirtschaftshof das Fränkische Brauereimuseum ein.

Rundgang durch das Kloster

Blickfang im weiten Wirtschaftshof ist die vorgeblendete Barockfassade der Kirche in Formen des römischen Hochbarocks. Neben dem Hauptportal befinden sich die Figuren des hl. Herrscherpaares Heinrich II. und Kunigunde, die auch im Innern den Zugang zum Chor der Mönche rahmen. Sie wurden in der Zeit des Kampfes um die Reichsfreiheit angebracht, da das Kloster entgegen den historischen Tatsachen nicht den Bamberger Bischof, sondern das Kaiserpaar als Gründer in Anspruch nahm.

Das Langhaus überrascht durch sein scheinbar mittelalterliches Erscheinungsbild mit romanischen Arkaden sowie spätgotischen Gewölben und Maßwerkfenstern, die eindeutig nach dem Brand von 1610 entstanden. In der historistischen Verwendung dieses vorreformatorischen Baustils folgte die Abtei dem Vorbild des baufreudigen Würzburger Bischofs Julius Echter.

Beeindruckender Schmuck des Mittelschiffgewölbes ist die botanisch exakte Darstellung von über 600 Heilkräutern und -pflanzen. Im frühen 17. Jh. entstanden, symbolisieren sie den Himmelsgarten und die Heilwirkung des christlichen Glaubens, der sich überall in der göttlichen Schöpfung zeigt. In den Gewölben der Seitenschiffe sowie an der Westempore und den beiden östlichsten Pfeileraltären finden sich für den Barock typische Embleme. Diese Sinnbilder, teilweise durch Begleittexte ausgedeutet, wenden sich an sehr gebildete Betrachter und stehen im Zusammenhang mit der Himmelsgartensymbolik.

Unter der Orgelempore sind heute 28 Tafelgemälde mit einer ausführlichen Legende des hl. Otto angebracht. Einen interessanten Einblick in das vorbarocke Aussehen und die Verehrung des Ottograbes gibt das letzte Bild auf der rechten Seite. Hier reicht ein Priester

Die Ostseite des Michelsberges bestimmen barocke Gartenterrassen

vor dem Sarkophag des Heiligen einer Pilgerin Wein aus einem Kelch, in den Teile des Schädels des hl. Otto eingearbeitet waren. Ein weiterer Pilger kriecht durch die Öffnung des Hochgrabes, um seine Rückenschmerzen zu kurieren. In der barocken Krypta, die durch eine Öffnung mit dem Mönchschor verbunden ist, befindet sich der spätgotische Sarkophag mit dem Durchlass für Pilger. Von einer früheren Grablege stammt die Deckplatte mit der eindrucksvollen Darstellungen des hl. Bischofs aus dem Ende des 13. Jh. Ein seltenes Werk aus der Mitte des 14. Jh. ist der Schmerzensmann im nördlichen Querhaus, dessen drastische Darstellung im 18. Jh. durch einen verhüllenden Stuckmantel abgemildert wurde.
Die qualitätvolle Ausstattung des 18. Jh. konzentriert sich auf den östlichen Bereich der Kirche. Je drei Pfeileraltäre leiten zum Tabernakelaltar, neben dem Treppen zum Chorgestühl führen. Von Abt Anselm bestellt, konnte dieses intarsiengeschmückte, kostbare Werk bis 1730 fertig gestellt werden. Sein Meister, Servatius Brickard, schuf auch die Aufbauten aller Altäre. Im südlichen Seitenschiff findet sich noch das Vorgängergestühl, das nach dem Brand von 1610 entstand. Die zehn prunkvollen Grabdenkmäler in beiden Seitenschiffen wurden Bamberger Bischöfen des 16.–18. Jh. gesetzt. Ursprünglich standen sie im Dom und mussten erst 1838 weichen, da man eine stilreine romanische Kathedrale wollte.
Eine besondere Kostbarkeit ist die Heilig-Grab-Kapelle, die ab 1727 anstelle einer Begräbnishalle der Mönche an das südliche Querhaus angefügt wurde. Unter einer Kuppel befindet sich die Darstellung Christi im Grab. Der Aufbau darüber mit der Weltkugel und Gottvater war zur Aufnahme einer Monstranz an Karfreitag gedacht. Später entstandene Leuchterengel und Wächter umgeben das Grab. In den Gemälden und im Stuck der Decke entfalten sich verschiedene Darstellungen des Todes, die mahnend die Begrenztheit menschlichen Lebens vor Augen führen. So wurde hier Tod und Hoffnung auf das ewige Leben verbunden.
Zum Abschluss der Besichtigung ist noch unbedingt die Aussichtsterrasse hinter der Kirche zu empfehlen, die nicht nur einen großartigen Blick über Bambergs Altstadt, sondern auch in die jüngst wiederhergestellten barocken Gartenterrassen bietet.

Öffnungszeiten:
Kirche tagsüber geöffnet
Klostergebäude nur mit Sonderführungen
Info:
Tourist-Information, Tel.: 0951/29760
www.bamberg.de
www.bamberg.info/www_tks

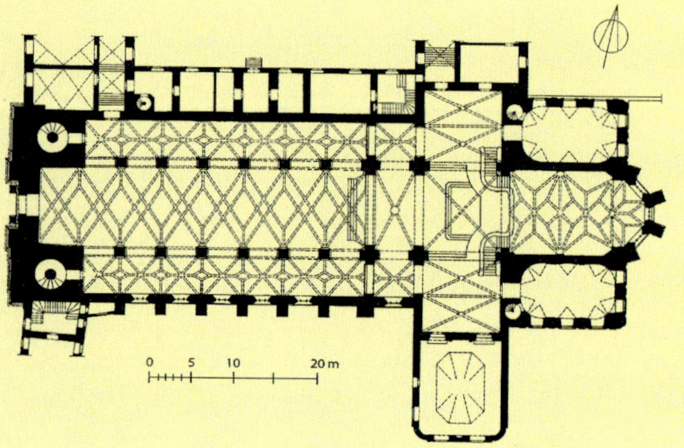

Barocke Gottesburg
Benediktinerabtei Banz

Hoch über dem weit geschwungenen Maintal leuchtet die reizvoll gestaffelte Barockanlage von Kloster Banz. Zusammen mit der großartigen Wallfahrtskirche Vierzehnheiligen am gegenüberliegenden Talrand entstand hier eine wohl einmalige Kunstlandschaft mainfränkischen Barocks.

Die Banzer Kirche ist ein wunderbar bewegter Raum, wie ein Blick in die gekurvten Gewölbe zeigt

Aus der Geschichte des Klosters

Nicht von ungefähr erinnert die beherrschende Lage über dem Maintal an eine Burg. 1071 übergaben Markgraf Hermann von Vohburg und seine Gemahlin Alberada ihre Burg samt Ländereien an den Benediktinerorden zur Klostergründung. Treibende Kraft war sicherlich Alberada, die als Erbtochter der Schweinfurter Markgrafen reich begütert war. Der Gründungslegende nach war ihr einziger Sohn zu Füßen des Banzer Burgberges bei einer Entenjagd im Eis eingebrochen und ertrunken. Nach dem Tod ihres Mannes 1078 zog sie sich als Laienschwester in ihre Gründung zurück, lebte aber getrennt vom Mönchskonvent in einer älteren, karolingischen Befestigung neben der Ägidienkirche (heute Friedhof). Alberada erhielt als Stifterin im Chor der Klosterkirche ein Ehrengrab. Sie hatte die weltliche Herrschaft über ihre Stiftung dem Bamberger Hochstift übertragen, obwohl Banz im Gebiet der Würzburger Diözese lag, der nur die geistliche Aufsicht blieb.

Nach dem Tod der Stifterin geriet die junge Gründung rasch in existenzielle Schwierigkeiten. Erst der hl. Bischof Otto von Bamberg sicherte den Bestand. Er rief 1114 einige Mönche aus seinem kurz zuvor gestifteten Kloster Prüfening bei Regensburg nach Banz und erhob einen von ihnen, Balduin, zum Abt. Damit war Banz automatisch an die von Otto geförderte Hirsauer Reform angeschlossen. Auch Klostergebäude und Kirche, die wohl zerstört waren, errichtete er neu und weihte die Abtei den hll. Petrus und Dionysius. Aufgrund seines energischen Einschreitens zur Rettung der Abtei verehrten die Mönche Otto als zweiten Gründer.

Das für alle Klöster schwierige 15. Jh. brachte Banz dank der Initiative des bischöflichen Schutzherrn am Ende eine innere Erneuerung. 1505 verwandelte ein Schadensfeuer das mittelalterliche Kloster in eine Ruine. Kaum hatte das finanzschwache Kloster die gröbsten Schäden beseitigt, brannte das Kloster 1525 im Bauernkrieg erneut ab. Der ohnehin geschwächte Konvent begann sich aufzulösen. Erst Abt Alexander

Von außen wirkt Kloster Banz wie die prachtvolle Barockresidenz eines weltlichen Herrschers

Wie ein Triumphbogen steht der Hochaltar am Eingang des Mönchschores

von Rotenhan (1529–1554) gelang ein mühsamer Wiederaufbau. Da neben dem Abt nur noch zwei Mönche im Kloster lebten, gründete er eine Schule für Adelige, um Nachwuchs zu sichern. Als diese Maßnahme nicht den erhofften Erfolg brachte, erreichte Abt Alexander 1550 vom Würzburger Bischof die Erlaubnis, nun auch Bürgerliche aufzunehmen. Zu dieser Zeit war das neue Kloster vollendet.

Abt Georg Truchseß von Henneberg (1554–1568) war für einen weiteren Tiefpunkt der Klostergeschichte verantwortlich. Vier Jahre nach seiner Wahl trat er zum Luthertum über und nutzte die Klosterländereien im Coburger Raum als Privatbesitz. Erst nach weiteren zehn Jahren gelang es, ihn zum Rücktritt zu bewegen. Der einzige noch in Banz verbliebene Mönch eignete sich aufgrund seines Lebenswandels nicht als Nachfolger, weshalb der tatkräftige Würzburger Fürstbischof Julius Echter dem Münsterschwarzacher Abt Johannes Burkard (1575–1598) zugleich die Leitung dieses Klosters übertrug. Nach Jahren der Vernachlässigung musste er grundlegende Aufbauarbeit leisten.

In der an Schicksalsschlägen nicht armen Banzer Geschichte bedeutete der Dreißigjährige Krieg eine weitere schwere Prüfung. 1632 führten die Schweden Abt Caspar

Wahrzeichen sind die hohen Türme Johann Dientzenhofers mit ihren fantasievollen Helmen

Die Fresken treten in ihrer Wirkung noch hinter die Architektur zurück

Förkel in die Gefangenschaft, die er nicht überlebte, und richteten im Folgejahr bei der Plünderung des Klosters schwersten Schaden an. Ein Glücksfall war Abt Otto de la Bourde (1665–1677), der dank seiner Fähigkeiten von Kaiser Leopold I. zum kaiserlichen Rat und schließlich zum Fürstbischof von Gurk ernannt wurde. Er vergaß auch in der Fremde Banz nicht, dem er ab 1702 ein Vermögen für den notwendigen Neubau stiftete.

Mit der Ausarbeitung von Plänen beauftragte die Abtei den Bamberger Hofarchitekten Johann Leonhard Dientzenhofer, sodass Ende des 17. Jh. mit den Arbeiten begonnen werden konnte. Bis zu seinem Tod 1707 wuchsen Abts- und Konventgebäude empor. Sein Bruder und Nachfolger als Bamberger Hofbaumeister, Johann Dientzenhofer, entwarf den großartigen Kirchenbau, dessen Grundstein 1710 gelegt wurde. 1719 konnte er eingeweiht werden, doch brach man die alte, weiter östlich gelegene Kirche erst 1728 ab und errichtete hier den lang gestreckten Konventbau. Mitte des 18. Jh. ließ Abt Gregor Stumm mit dem Neubau des großen Vorhofes beginnen. Eine deutliche Qualitätssteigerung hin zu einer perfekten Symmetrie bedeutete der 1752 von Balthasar Neumann erarbeitete Plan für diesen Bereich. Erst um 1770 erhielt der Abteibau aus dem Anfang des 18. Jh. Mittelrisalit samt Freitreppe und der Vorhof das repräsentative Eingangstor.

Das 18. Jh. war nicht nur in architektonischer Hinsicht die große Banzer Blütezeit. Fähige und gelehrte Äbte förderten die Bildung der Mönche und achteten bei der Aufnahme des Klosternachwuchses nun mehr auf Intelligenz als auf Vermögen. Bedeutende Gelehrte unter den Konventsmitgliedern publizierten ihre Forschun-

gen aus Mathematik, Naturwissenschaften und Geographie. Der 1760 entstandene Bibliothekskatalog zählt 368 Handschriften und 14 429 Druckwerke auf. Zur Erholung dienten die großzügigen Gartenterrassen mit ihrem wunderbaren Blick in das Maintal sowie ein Kugelspielplatz in schönster Lage.
Auch Musik spielte in Banz eine große Rolle. Für die Kirche schuf 1735/37 der Würzburger Hoforgelbauer Johann Philipp Seuffert eines seiner wichtigsten Werke, von dem sich leider nur der großartige Prospekt erhalten hat. Herausragendes leistete der Klosterkomponist P. Valentin Rathgeber (1682–1750), der fast 500 Werke hinterlassen hat. Fast zehn Jahre reiste er ohne Genehmigung des Abtes quer durch Europa, um seinen musikalischen Horizont zu erweitern, kehrte aber später wieder zurück. Nach einer Generalbeichte durfte er wieder sein früheres Amt ausüben. Sein größter Erfolg war das dreibändige »Ohren-Vergnügende und Gemüthergötzende Tafel-Confect«, das 1733/37 erschien.
Nach der Säkularisation 1803 drohte Banz schon das Schicksal des nahen, größtenteils abgebrochenen Zisterzienserklosters Langheim. 1808 entdeckte aber auf einer Durchreise Herzog Wilhelm in Bayern seine Liebe für Banz und bezog sechs Jahre später die Gebäude. Bis zu seinem Tod 1837 wandelte sich die ehemalige Abtei zum Sommerschloss. Danach wurde es von der herzoglichen Familie nur noch gelegentlich für Jagdaufenthalte genutzt. Klösterliche Wiederbelebungsversuche der 20er und 30er Jahre des 20. Jh. scheiterten. Ein Glücksfall bedeutete für die Anlage 1978 die Übernahme durch die Hanns-Seidel-Stiftung, die durch ihre hier geleistete Bildungsarbeit an die klösterlichen Zeiten anknüpft.

Rundgang durch das Kloster

Die lang gestreckten Trakte der Abtei staffeln sich effektvoll das Bergplateau hinauf, überragt von der hohen Doppelturmfassade der Klosterkirche. Ihre beiden kunstvoll geschwungenen Hauben grüßen als Wahrzeichen weit ins Land. Zum Reiz der Anlage trägt das Baumaterial des warmtonigen, gelben Sandsteines bei, der im nahen Banzberg gebrochen wurde. Auf der Fahrt hinauf zum Kloster wandelt sich reizvoll die Ansicht, bis man vor dem prunkvollen Tor des Vorhofes steht.
Ein großzügiger Vorbau mit Eckpavillons rahmt wie bei einem Barockschloss den Ehrenhof, dem sich die repräsentative Front des Abteitraktes zuwendet. Freitreppe und geschwungene Auffahrtsrampe überspielen elegant den großen Höhenunterschied zum Hauptgebäude. Im Obergeschoss liegen Festsaal und Fürstenzimmer als bedeutendste erhaltene Innenräume. Wären nicht die Kirchtürme im Hintergrund, würde man Banz von dieser Seite aus für ein imposantes Schloss halten. Der Konventtrakt schließt sich an die Kirche an und wendet sich dem Maintal zu.
Die im Mittelteil vorgeschwungene Kirchenfassade stimmt schon auf den reich bewegten Innenraum ein. Erst über zwei kompakten Geschossen wachsen die achteckigen Freigeschosse der Türme empor, die mit einer figurengeschmückten Balustrade verbunden werden. Der Innenraum zeigt den überragenden Architekten Johann Dientzenhofer auf der Höhe seines Schaffens. Vom Prinzip her eine Wandpfeilerkirche, ist aber alles im Innern des Langhauses in konvex-konkave Bewegung gesetzt. Zwei Querovale tragen drei Kuppeln, wodurch sich die Dynamik des Raumes ergibt, die sich besonders stark im Gewölbe entfaltet. Reichlich Licht fällt indirekt durch die tief in den Seitenkapellen liegenden Fenster. Hier ist ein Blick

nach oben in die schwungvolle Überschneidung der einzelnen Raumteile besonders reizvoll.

Während der Stuck des Bambergers Johann Jakob Vogel an der Hauptgliederung rein weiß ist, wurde er in den Gewölben zur Anpassung an den reichen Freskenschmuck mit einem zartgelben Hintergrund versehen. Die großen Kuppelfresken Melchior Steidls mit der Bekehrung des Paulus, Pfingsten und letztem Abendmahl führen den christlichen Heilsweg in Kurzform vor Augen. Die reale Architektur setzt sich in der Malerei fort.

Der großartige Hochaltar des Würzburger Bildhauers Balthasar Esterbauer, den vermutlich Johann Dientzenhofer entwarf, trennt den lang gestreckten Mönchschor vom Langhaus ab. Als überraschender illusionistischer Effekt ist das Altarblatt erst in 12 m Entfernung am Ende des Chores angebracht. Dadurch wirkt der reich vergoldete Altaraufbau wie ein Triumphbogen, der in einem Strahlenkranz die Verherrlichung des Ordensgründers Benedikt zeigt. Die beiden Figuren der Apostelfürsten Petrus und Paulus versinnbildlichen den für bayerische Barockklöster demonstrativen Rom-Bezug. Auf Rom und die Ursprünge der Christenheit verweisen seitlich des Tabernakels die prunkvoll ausstaffierten Skelette zweier sitzender Katakombenheiligen, die zusammen mit den liegenden Gebeinen an den vorderen Seitenaltären ein makabres Ensemble bilden. Ganz im Sinne eines Denkmals der bischöflichen Schutzherren des Klosters umstehen fünf große Bischofsfiguren in den Nischen der Wandpfeiler den Innenraum, darunter der hl. Otto von Bamberg und die beiden Patrone der Nachbarbistümer Würzburg (Kilian) und Regensburg (Wolfgang). Papst Gregor der Große wurde mit einer Figur für seine Verdienste um den Benediktinerorden geehrt.

Prunkstück der Kirche ist das Chorgestühl des Wiesentheider Kunstschreiners Johann Georg Nestfell. In die reiche hölzerne Intarsienarbeit sind kunstvoll in Elfenbein, Perlmutt, Silber und Ebenholz Szenen aus der Lebensbeschreibung des hl. Ordensvaters Benedikt eingefügt.

Öffnungszeiten:
Kirche täglich geöffnet
Klostergebäude nur mit Führung nach Vereinbarung mit Bildungszentrum der Hanns-Seidel-Stiftung, Tel.: 09573/3370

Info:
Kath. Pfarramt, Tel.: 09573/5992
www.mgl-obermaingeschichte.de/barock/SeitenBanz/Banz1.htm

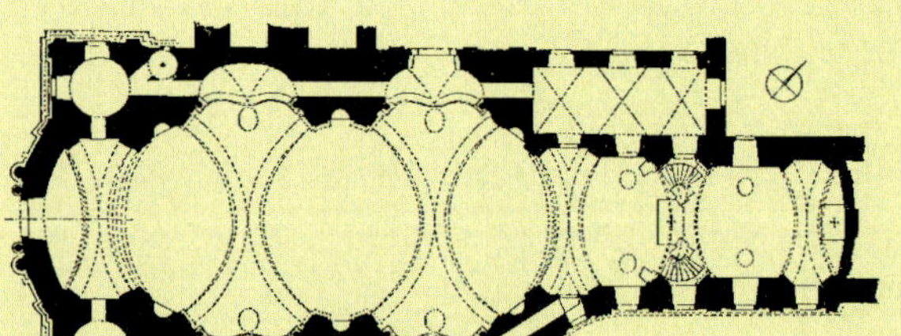

Urkloster des Pfaffenwinkels
Benediktinerabtei Benediktbeuern

Benediktbeuern steht nicht nur am Anfang klösterlicher Kultur im Voralpenland. Auch die Barockisierung der Gesamtanlage setzte Maßstäbe und eröffnete eine fast vollständige Erneuerungsphase bayerischer Klöster. Die Anastasiakapelle gehört zu den weniger bekannten, aber umso sehenswerteren Spitzenleistungen führender bayerischer Künstler des 18. Jh.

Abteikirche und Konventgebäude bilden den Kern der weitläufigen Anlage

Aus der Geschichte des Klosters

739 soll der hl. Bonifatius die hochadeligen Brüder Landfrid, Waldram und Eliland für eine Klosterstiftung gewonnen haben, in die sie eintraten. Bonifatius, der sich in jener Zeit zur Reorganisation der Bistümer in Bayern aufhielt, weihte 740 die Klosterkirche von Benediktbeuern. Die frühe Entstehungszeit konnte 1988 durch archäologische Ausgrabungen bestätigt werden.
Namensgebend wurde eine Armreliquie des großen Ordensvaters, die Kaiser Karl der Große hierher sandte, nachdem er Bayern seiner Herrschaft unterstellt und das Kloster zur Reichsabtei erhoben hatte. Mitte des 10. Jh. ging das Kloster in den Raubzügen der Ungarn unter, wurde aber durch den hl. Bischof Ulrich von Augsburg kurze Zeit später als Stift wiederhergestellt.
Erst 1031 begann mit Abt Ellinger von Tegernsee wieder benediktinisches Leben in den alten Mauern, das unter Abt Gotahelm (1032–1062) durch seine Zugehörigkeit zur Gorzer Reform eine neue Blüte erreichte. Er ließ aus Verona die Reliquien der hl. Märtyrerin Anastasia holen, deren Verehrung im 18. Jh. ihren Höhepunkt erreichte. Im hohen Mittelalter erwarb die Abtei mit großem Aufwand einen umfangreichen Reliquien-

Den Innenraum der Abteikirche bestimmt der schwere Stuck italienischer Prägung

Spätmittelalterliche Krise und Klosterreform

Im 14. Jh. erlahmte in den meisten Klöstern die ursprüngliche Ordensstrenge. Liturgie und Stundengebet wurden vernachlässigt oder ohne innere Anteilnahme heruntergeleiert, die Klausur nicht mehr eingehalten, Fastenzeiten und Fleischverzicht ignoriert und das Gemeinschaftsleben zugunsten individuellerer Lebensgestaltung reduziert. Die Aufteilung des Klosterbesitzes zwischen Abt und Konvent sowie Privatbesitz von Mönchen und Nonnen zerrütteten die wirtschaftlichen Verhältnisse. Die Missstände wurden so offensichtlich, dass sich ein allgemeiner Reformwille regte, um die Klöster zur retten. Der Zisterzienserpapst Benedikt XII. (1334–1342) erließ zwei Reformdekrete für Benediktiner und Zisterzienser. Wichtig wurden im frühen 15. Jh. die Konzilien von Konstanz und Basel, die sich die Erneuerung der Kirche vorgenommen hatten.

Bei den Benediktinern setzten sich die von den Abteien Melk, Bursfelde und Kastl ausgehenden Klosterreformen im späten 15. Jh. allgemein durch. Dabei darf natürlich nicht der Einfluss des Landesherrn vergessen werden, der oftmals für den nötigen Druck sorgte. Durch die Reformen erhielten die Konvente wieder mehr Zulauf und festigten sich derart, dass sie die Krisenzeiten des 16. und 17. Jh. erfolgreich überstanden.

schatz, wobei besonders aus Köln zahlreiche Gebeine der 11 000 Jungfrauen hierher gelangten. Benediktbeuern wurde ein nicht unbedeutendes Wallfahrtsziel, das zudem verkehrsgünstig an einer Alpenstraße nach Tirol und Italien gelegen war. Von den kostbaren Behältnissen, die an bestimmten Festtagen gezeigt wurden, hat sich außer den barocken Reliquiaren der hll. Anastasia und Benedikt fast nichts erhalten.

Ende des 13. Jh. stieg Benediktbeuern durch die Erhebung des Abtes in den Reichsfürstenstand unter die vornehmsten Klöster des Landes auf. Doch schon unter Abt Heinrich von Türkenfeld (1318–1348) sank es zu einem landständigen Kloster unter der Herrschaft der Wittelsbacher herab, die seit dem Aussterben der Grafen von Andechs Vögte waren. Dies brachte durch die ganzen Jahrhunderte des Bestehens immer wieder immense finanzielle Belastungen durch Aufenthalte des Landesherrn und seines Hofes sowie Sonder- und Kriegssteuern. Im frühen 15. Jh. ließ der Münchner Herzog sogar den damaligen Abt Friedrich von Weiching gefangen nehmen und erpresste ein hohes Lösegeld.

Der Niedergang des Klosterlebens fand, nach einigen Widerständen der Mönche, durch den Anschluss an die Melker Reform ein Ende. Die Äbte Wilhelm von Diepolzkirchen (1441–1483) und Narcissus Paumann (1483–1504) sanierten sowohl Disziplin als auch Wirtschaftskraft. Deshalb konnte auch das 1490 vollständig abgebrannte Kloster zügig neu errichtet werden. Nach dem Ende des Dreißigjährigen Krieges musste wieder neu gebaut werden. Ab 1669 entstanden die Konventgebäude, ab 1680 die Kirche in Barockformen. Im Spanischen Erbfolgekrieg zu Beginn des 18. Jh. entging Benediktbeuern nur durch ein Wunder, das man der hl. Anastasia zuschrieb, der völligen Zerstörung. Danach wandelte sich die Abtei durch den neuen Wirtschaft- und Arkadenhof samt Gärten zu einem schlossartigen Anwesen, in dem der Kurfürst und hochgestellte Reisende aus Kirche und Adel gern Aufenthalt nahmen.

Bei der Auflösung 1803 gelangte der Landesherr neben den üblichen Kirchen- und Bücherschätzen auch in den Besitz einer der umfangreichsten Gemälde- und Kupferstichsammlungen Bayerns. Nach der Säkularisation stellte in einem Nebengebäude für wenige Jahre Joseph von Frauenhofer erstmals serienmäßig optische

Das Innere der Anastasia-Kapelle zählt zu den großartigsten Raumschöpfungen des reifen Rokoko

Die hohe Kanzel ist noch ganz in Spätrenaissance-Formen gestaltet

Linsen her. Nach über einhundertjähriger militärischer Nutzung erwarben 1930 die Salesianer Don Boscos die Gebäude und errichteten eine philosophisch-theologische Hochschule. Seit 1971 besteht in Benediktbeuern zudem eine Abteilung der kath. Stiftungs-Fachhochschule München für Sozialwesen.

Rundgang durch das Kloster

Die Klosteranlage, die in mehreren Bauphasen 1669–1732 neu errichtet wurde, besteht aus dem inneren Kern von Kirche und dreiflügeligem Konventbau, dem der weite Arkadenhof vorgelagert ist. Vom mittelalterlichen Bestand blieb allein das Erdgeschoss des Konventbaus erhalten, das in den Neubau miteinbezogen und barockisiert wurde. So verloren die spätgotischen Gewölbe des Kreuzgangs ihre Rippen zugunsten des frühbarocken Stucks Kaspar Feichtmayrs. Der niedrige Kapitelsaal erhielt hingegen schweren Stuck wie ihn die Klosterkirche besitzt. Allein das Refektorium mit seiner reich geschnitzten spätgotischen Holzdecke lässt noch etwas von der mittelalterlichen Pracht Benediktbeuerns ahnen. Eine Glasplatte im Boden des östlichen Kreuzgangflügels ermöglicht einen Blick in den Ausgrabungsbefund von 1988.
Abt Plazidus Mayr (1672–1689) begann sofort nach Amtsantritt mit Baumaßnahmen an der Kirche. Da er zunächst plante, die spätgotische Kirche nur zu modernisieren, ließ er die beiden Chortürme neu aufführen und hinter dem alten Altar-

raum die Sakristei mit darüber liegendem Psallierchor der Mönche anfügen. Doch 1680 fiel sein Entschluss zum völligen Neubau, der bis 1682 im Rohbau nach dem damals neuen Schema der Wandpfeilerkirche vollendet war. Raumbestimmend ist der schwere Stuck italienischer Prägung, den Nicolo Perti und Giovanni Prospero Brenni auftrugen. Der rein weiße Stuck zeigt sehr plastisch hervortretende Blatt- und Fruchtgirlanden, Apostel- und Tugendfiguren. Neu und für die künftige Entwicklung des bayerischen Barock wichtig sind die noch recht kleinen Bildfelder in den Gewölben. Hans Georg Asam, Vater des berühmten Brüderpaares, malte nach italienischen Vorbildern illusionistische Einblicke in den Himmel mit Szenen des Lebens Christi. Zur Weihe der Kirche 1686 war auch der Hochaltar fertig, der die ganze Raumhöhe einnimmt. Der Aufbau besteht aus echtem Marmor, da das Kloster eigene Brüche in Großweil besaß und auch das Nachbarkloster Schlehdorf eigenes Material beisteuern konnte. Zehn Jahre später fügte man den Tabernakel hinzu. Das Altarblatt wurde 1788 durch Martin Knollers »Benedikt vor Maria und der hl. Dreifaltigkeit« ersetzt. An die eigene Vergänglichkeit mahnt die große Uhr unter dem Gewölbe. Einen Blick in den Chor der Mönche ermöglichen die Fenster seitlich des Hochaltares.

Ignaz Günther schuf die Altarrahmen in der Anastasia-Kapelle

Die Figuren der hll. Bonifatius und Ulrich erinnern an die beiden Konsekratoren der alten Kirche. In der Gruft unter dem Hochaltar wurden die toten Mönche sitzend in Gebetshaltung eingemauert, damit sie mit den Lebenden gleichsam weiterhin am Chorgebet teilnehmen.

An den Chor der Kirche schmiegt sich die Anastasiakapelle (1751–1753), die als eine der wunderbarsten Raumschöpfungen des bayerischen Rokoko gelten kann. Abt Leonhard Hohenauer (1742–1758) konnte mit dem Architekten Johann Michael Fischer, dem Stuckateur Johann Michael Feichtmayr, dem Bildhauer Ignaz Günther und dem Freskanten Johann Jakob Zeiller die besten Kräfte der damaligen Zeit zu einem wahren Kabinettstück zusammenführen. Die Kapelle bildete das Ziel einer großen Wallfahrt zu den Reliquien der hl. Anastasia, was den Aufwand rechtfertigte. Fischer und Zeiller errichteten zeitgleich auch noch die Kirche des Klosterdorfes Bichl, was eine Ahnung davon gibt, was Klöster für den kulturellen Aufbau Bayerns auch noch im 18. Jh. bedeutet haben.

Der Südflügel des Arkadenhofes enthält mit Fürstentrakt und Sommerabtei die repräsentativsten Räume des Klosters, die Johann Baptist Zimmermann reich mit Stuck und Deckenfresken schmückte. Er verzierte auch die aus Feuerschutzgründen freistehende Bibliothek. Unter den ca. 25 000 Bänden, die hier vor der Säkularisation aufbewahrt wurden, ist die mittelalterliche Liedersammlung »Carmina burana« seit der Vertonung durch Carl Orff das wohl bekannteste Werk. Sie ist die umfangreichste Aufzeichnung weltlicher Lyrik des 13. Jh.

Stärke und Effizienz der Klosterwirtschaft verdeutlicht der 1708–1718 errichtete Maierhof nordöstlich der Kirche, der das traditionelle bäuerliche Schema eines Vierkanthofes monumentalisiert (100 x 120 m!).

Öffnungszeiten:
Kirche tagsüber geöffnet,
Anastasiakapelle nur bis Gitter
Klostergebäude: Kreuzgang, Kapitelsaal und Refektorium täglich 9–17.30 Uhr frei zugänglich, Fest- und Kurfürstensaal nur mit Führung

Info:
Kloster der Salesianer Don Boscos,
Tel.: 08857/880
www.kloster-benediktbeuern.de

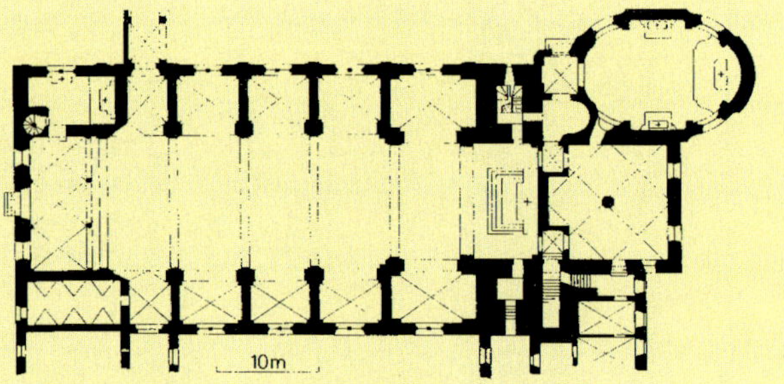

Pantheon mit Alpenkulisse
Benediktinerabtei Ettal

Ettal gehört aufgrund seiner Lage, Entstehungsgeschichte und Architektur zu den ungewöhnlichsten Klöstern Deutschlands. Den gotischen Zentralbau des Marienheiligtums ließ die Abtei gleich einer kostbaren Reliquie mit einem Festkleid bayerischen Rokokos fassen. Geistliches Zentrum ist noch immer die kleine Marienfigur, die Kaiser Ludwig der Bayer aus Italien mitbrachte.

Als »bayrischer Escorial« steht die monumentale Klosteranlage in der Landschaft des Voralpenlandes

Aus der Geschichte des Klosters

Wo heute Touristenströme durch das idyllische Graswangtal rollen, zogen einst Augsburger Kaufleute nach Italien. In diesem Hochtal ließ 1330 Kaiser Ludwig IV., genannt der Bayer, ein Kloster gründen, dem er eine einzigartige, hochsymbolische Satzung geben ließ. Drei höchst unterschiedliche Konvente sollten nach seinem Willen in einem Kloster zusammen gefasst werden: Neben einer Benediktinergemeinschaft aus 14 Priestermönchen und sechs Laienbrüdern sollten sowohl zwölf Ritter unter einem Meister als auch ihre zwölf Frauen und sechs Witwen unter einer Meisterin leben. Ludwig wollte so ein traditionelles Mönchskloster mit einem Ritterorden vereinen, wobei zudem die sehr abstrakte Idee eines religiösen Zwecken geopferten Ehelebens (Vorbild Maria und Josef) umgesetzt werden sollte. Die Ritterstiftung scheint nach dem Tod des Stifters 1347 recht schnell wieder eingegangen zu sein, während der Benediktinerkonvent mit fast einhundertjähriger Unterbrechung durch die Säkularisation bis heute den Stiftungszweck erfüllt.
Kaiser Ludwig der Bayer, der erste Wittelsbacher auf dem deutschen Thron, kehrte unter dem Kirchenbann stehend von seinem wenig erfolgreichen Romzug 1329 zurück. Mit im Gepäck hatte der große Marienverehrer eine Alabasterfigur der thronenden Muttergottes, die

Johann Jakob Zeiller überzog die Kuppel mit einer überwältigenden Himmels-Vision

Säkularisation

Kein Ereignis hat die deutsche Kultur- und Geisteslandschaft derart nachhaltig verändert wie die Säkularisation. Nach Abtretung des linken Rheinufers 1801 an Napoleon sollten deutsche Fürsten, die hier Besitz verloren hatten, entschädigt werden. Als freie Verfügungsmasse wurden die Klöster angesehen, um die ein widerliches Geschachere begann. Die Enteignungen von 1802 erhielten durch den Reichsdeputationshauptschluss im folgenden Jahr Gesetzeskraft und wurden in Bayern unter dem Minister Montgelas mit großer Akribie umgesetzt.

Den Insassen wurden ausreichende Pensionen versprochen, die aber in beschämender Weise fast überall gekürzt wurden. Während ehemalige Mönche noch als Priester ihren Lebensunterhalt bestreiten konnten, begann für die meisten Nonnen ein Leben in bedrückender Armut. Für die Bettelorden wurden zentrale Aussterbeklöster eingerichtet, die ihrem Namen alle Ehre machten.

In Bayern kam die Säkularisation nicht ganz ohne Vorwarnung, zumal im Nachbarland Österreich Kaiser Joseph II. 1781 etwa 700 Klöster aufgelöst hatte. Dem hoch verschuldeten bayerischen Kurfürsten gehörten nur rund 15 % des Bodens, während Kirche und Klöster ca. 56 % besaßen. Das weckte Begehrlichkeiten gerade in Zeiten der Aufklärung, die besonders den Klöstern keine große Nützlichkeit für den Staat beimaß. 1773 wurde auch in Bayern der einflussreiche Jesuitenorden aufgelöst. 1788 schlug der Versuch Kurfürst Karl Theodors fehl, mit päpstlichem Segen ein Siebtel des gesamten Klostervermögens einzuziehen. Schon einige Jahre vor der Säkularisation löste der Kurfürst einzelne Klöster auf. Von außen kam keine Unterstützung, sodass sich die Klöster der staatlichen Übermacht beugen mussten.

Was durch Verschleuderung und Vernichtung an einzigartigem Kulturgut unrettbar verloren gegangen ist, kann gar nicht alles aufgelistet werden. Nur die wichtigsten Gemälde und Bücher wurden nach eiliger Durchsicht nach München abtransportiert. Kirchenschätze ließ der Landesherr generell einschmelzen. Durch die gleichzeitige Auflösung aller Klöster herrschte plötzlich ein Überangebot an großen Gebäuden und Ländereien. Die wohlhabende Mittelschicht konnte die Gelegenheit wahrnehmen, günstig an große Güter zu kommen, während die Bauern um teure Teilflächen konkurrieren mussten. Im Bildungs- und Sozialbereich wurde die Lücke, welche die Klöster hinterlassen hatten, erst bedeutend später durch staatliche Maßnahmen wieder ausgeglichen. Gerade im ländlichen Raum, wo Klöster besonders stark vertreten waren, gingen lokale Kultur-, Geistes- und Wirtschaftszentren für immer verloren.

ihm der Legende nach ein Engel in Mönchsgestalt in Rom für die künftige Klostergründung übergeben hatte. Erst 1370 konnte die Kirche geweiht werden. Sie zählt zu den ganz seltenen gotischen Zentralbauten. Vermutlich geht die ungewöhnliche Form auf den Stifter zurück, der in Rom den bedeutendsten antiken Zentralbau, das Pantheon, gesehen hatte, eine der wichtigsten Marienkirchen. Die zwölfeckige Form mit den großen Fenstern könnte zudem die Himmelsstadt nach der Schilderung in der Offenbarung des Johannes symbolisieren. Als dritte Bedeutungsebene sollte die Grabeskirche in Jerusalem, ebenfalls ein Zentralbau, nicht vergessen werden. Im 19. Jh. wurden Ritterstift und gotische Kirche Ettals ganz im romantischen Sinn als Nachbau des Gralstempels interpretiert, was immerhin für König Ludwig II. ein Grund dafür war, in der Nähe Schloss Linderhof zu erbauen. Errichtet wurde die Klosterkirche wohl durch die Regensburger Dombauhütte. Erst im späten 15. Jh. erhielt sie über einem zentralen Rundpfeiler ein spätgotisches Gewölbe. Damals hatte die Abtei Anschluss an die Melker Reform gefunden und ihr inneres Leben erneuert. Aufgrund des reichen Besitzes konnte sich Ettal rasch von den Schäden des Dreißigjährigen Krieges erholen. Die eigentliche Blütezeit liegt, wie bei so vielen bayerischen Klöstern, erst im 18. Jh. Neue Maßstäbe setzte Abt Placidus II. Seiz (1709–1736). Nachdem sein Vorgänger die wirtschaftlichen

Verhältnisse stabilisiert hatte, konnte er sich ganz der Sorge um Bildung und Kunst widmen. 1710 richtete er, der vor seiner Amtszeit als Abt Professor an der Salzburger Benediktineruniversität gewesen war, eine Ritterakademie ein. Diese war als Lehr- und Studienanstalt für die künftige bayerische und österreichische Elite gedacht. Zahlreiche Lehrkräfte konnte der Konvent selbst stellen, was einen deutlichen Eindruck vom geistigen Niveau der Gemeinschaft vermittelt.

Abt Placidus II. ging unmittelbar nach seiner Amtseinführung mit großem Elan an die bauliche Erneuerung des noch mittelalterlich geprägten Klosters mit dem kurfürstlichen Hofbaumeister Henrico Zuccalli. Nach den Vorstellungen des Abtes entwarf dieser einen großen Gesamtplan, nach dem die mit neuer Fassade und Chor versehene gotische Kirche im Zentrum dreier Hofanlagen stehen sollte. Aufgrund knapper Finanzmittel konnte das Vorhaben nur allmählich in die Tat umgesetzt werden. 1744 machte ein verheerender Brand das meiste zunichte. Da nun alles auf den Wiederaufbau konzentriert werden musste, schloss die Abtei die Ritterakademie, da zudem aufgrund des Österreichischen Erbfolgekrieges aus dem Nachbarland keine Schüler mehr kamen. Erst 1790 war die Kirche vollendet. Das gerade Geschaffene bedrohte 1803 die Säkularisation. Große Teile der Gebäude wurden im frühen 19. Jh. niedergerissen. Im Jahre 1900 begann wieder klösterliches Leben in Ettal, nachdem die Benediktinerabtei Scheyern zusammen mit dem Klostermäzen Baron Cramer-Klett das Gelände und Gebäudereste erworben hatte. Aufgrund staatlicher Auflagen musste zugleich ein Gymnasium eingerichtet werden. Seit 1907 ist Ettal wieder Abtei.

Rundgang durch das Kloster

Ettal besitzt durch den großen Klosterhof, der fast ein Quadrat von 100 m Seitenlänge bildet, eine großartige Eingangssituation. Nach der Wiederbesiedlung wurden die abgerissenen barocken Flügel allmählich wieder aufgebaut, sodass die Kirche wie einst im Mittelpunkt der Anlage steht. Der gotische Zentralbau erhielt im unteren Teil, der die noch mittelalterlichen Umgänge enthält, durch Zuccalli eine marmorverkleidete Prachtfassade in den Formen des römischen Hochbarock. Anregung für diesen vor- und zurückschwingenden Bauteil holte sich der Baumeister wohl von den Entwürfen Berninis für den Louvre. Nach dem Vorbild des Petersdomes tragen die mittelalterlichen Mauern, die um etwa 4 m erhöht wurden, eine zweischalige Kuppel mit Rippen und Laterne. Allein die Strebepfeiler, die einen geschwungenen Aufsatz erhielten, erinnern am Außenbau noch an den gotischen Zwölfeckbau, der völlig neu interpretiert wurde. Die seitlichen Türme waren zwar von Zuccalli schon geplant, wurden aber leider erst im 19. Jh. in zu groben Formen errichtet. Daher blieb der mittelalterliche Glockenturm erhalten, der immer noch seine Dienste versehen musste. Zuccalli plante vor der Kirche eine repräsentative Auffahrt mit Terrasse und Wasserbassin, was deren Wirkung enorm gesteigert hätte.

Nach dem Eintritt durch den engen gotischen Umgang mit dem mittelalterlichen Hauptportal, das neben einer Kreuzigung die Stifter Ludwig den Bayern und Margarethe von Holland zeigt, wird die Schwere der Barockfassade abgelöst von der fast schwebenden Eleganz des bayerischen Rokoko. Nach dem Brand von 1744 erfolgte der Wiederaufbau nach einem Plan Joseph Schmuzers, dessen Sohn Franz Xaver

Henrico Zuccalli verwandelte mit seiner geschwungenen Fassade den gotischen Zentralbau in ein Werk römischen Hochbarocks

und Schwiegersohn Johann Georg Üblher den höfisch vornehmen Stuck der Kirche auftrugen. Das Zwölfeck wurde zum Rundbau gestaltet, der durch riesige Fenster reichlich Licht erhält.

Unweigerlich wird der Blick zur Kuppel gelenkt, aus der sich eine Himmelsvision herabsenkt. Durch die illusionistische Fortführung der Architektur in die Malerei wird dieser Effekt noch verstärkt. Johann Jakob Zeiller bewältigte in nur drei Sommern von 1748–1751 diese nicht nur von den Ausmaßen (1300 m^2) her gewaltige Aufgabe mit Bravour. Rund um die Verherrlichung des hl. Ordensvaters Benedikt haben sich Hunderte von Heiligen, die dem Orden angehörten bzw. ihm nahe standen, zu dessen Lob versammelt. Über dem Eingang zum Chor stellte Zeiller die legendäre Übergabe des Ettaler Gnadenbildes an Ludwig den Bayern dar. Jeweils drei Seitenaltäre Johann Baptist Straubs, die zu den reizvollsten Schöpfungen dieses großen Bildhauers zählen, lenken den Blick zum Hochaltar. Der schmale Bogen zum querovalen Chorraum lässt diesen wie eine Bühne erscheinen mit dem Gnadenbild als Zentrum, ganz im Sinne eines barocken Theatrum Sacrum. Bedingt durch die lange Bauzeit herrscht im Chorraum schon die klassizistische Kühle des späten 18. Jh. Die neue Zeitstimmung zeigt sich auch im Deckenfresko Martin Knollers von 1769, der sich durch diese Arbeit für sein großartiges Werk in Neresheim empfahl. Christus eilt hier im von vielen Heiligen bevölkerten Himmel seiner Mutter entgegen. Die Himmelfahrt Mariens, die im Hochaltargemälde Knollers zu sehen ist, war ursprünglich nach dem Vorbild von Rohr als plastische Gruppe innerhalb des triumphbogenartigen Rahmens geplant. Hinter dem Hochaltar liegt die Sakristei, deren Stuck ein Frühwerk Johann Baptist Zimmermanns ist, während in den Fresken Zeiller seine Probearbeit leistete. Darüber liegt, von der Kirche aus nicht sichtbar, der Psallierchor der Mönche. Beim Weg aus der Kirche sollte man sich noch an der äußerst graziösen Orgelempore, den seitlichen Oratorien und den Beichtstühlen erfreuen, die bayerisches Rokoko auf seinem Höhepunkt zeigen.

Zentrum von Kloster und Kirche ist immer noch das kleine Gnadenbild aus Italien

Über dem Chorbogen ist die Übergabe der Ettaler Marienfigur an Kaiser Ludwig den Bayern durch einen Engel in Mönchsgestalt zu sehen

Öffnungszeiten:
Kirche tagsüber geöffnet
Info:
Kloster Ettal, Tel.: 08822/740
www.kloster-ettal.de

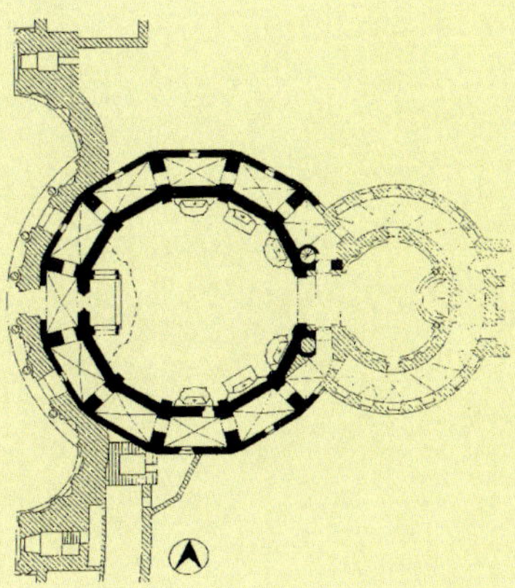

Adel verpflichtet
Benediktinerabtei Kempten

Die monumentale Klosteranlage Kemptens mit ihrer palastartigen Verbindung von Konvent- und Residenzgebäuden steht am Anfang jener für den bayerischen Barock so bestimmenden klösterlichen Neubauwelle. Der gefürsteten Reichsabtei ging Adelsstolz weit vor christlicher Nächstenliebe, wie die jahrhundertelange Auseinandersetzung mit der gleichnamigen Reichsstadt zeigt.

Der großartige Festsaal der Reichsabtei gehört zu den schönsten Räumen des süddeutschen Barock

Aus der Geschichte des Klosters

Im Zuge der Christianisierung des Allgäus gründete der hl. Magnus um 740 eine Missionszelle, die zunächst sein Begleiter Theodor leitete. Das Mutterkloster St. Gallen unterstützte diese Neugründung in der schwierigen Anfangszeit, bis 752 unter dem ersten Abt Audogar das Klösterchen zu einer eigenständigen Abtei wurde. Der hauseigenen Überlieferung nach förderte Kaiser Karl der Große, vor allem aber seine im Kloster hochverehrte Gattin Hildegard, die Alemannin war, den weiteren Ausbau entscheidend. Auch wenn die Urkunden dieser Zeit nur als Fälschungen des 12. Jh. überkommen sind, besitzt diese Tradition eine gewisse Glaubwürdigkeit.

Die Klostergründung erfolgte nicht in den Ruinen des römischen Cambodunum, sondern schon an der heutigen Stelle auf der anderen Seite der Iller. Kempten wurde vom 9. bis zum 11. Jh. oftmals vom König an verdienstvolle Gefolgsleute verliehen. Ende des 11. Jh. kam die Vogtei an die aufstrebenden Welfen, denen in dieser Funktion 1191 die Staufer nachfolgten. Kaiser Friedrich II. übertrug 1213 der Abtei die Grafschaft Kempten, die ihm wenig später die Klostervogtei abkaufte. Kempten war damit zur gefürsteten Reichsabtei aufgestiegen und setzte nun alles daran, den selbständigen Klosterstaat immer weiter auszubauen.

Ständiger Stachel im Klosterterritorium bildete die Stadt Kempten, die sich unmittelbar vor den Abteimauern entwickelte. Da sie zur Reichsstadt aufgestiegen war, konnte sie nicht einfach »geschluckt« werden. Kloster und Stadt waren sich spinnefeind und fühlten sich jeweils in ihrer Entwicklungsmöglichkeit begrenzt. Ein Kleinkrieg begann, der über 500 Jahre lang andauern sollte! Im 14. Jh. setzte das Kloster den durch Handel reich und aufsässig gewordenen Bürgern eine Burg vor die Nase, gegen die sich wiederum die Stadt einmauerte. 1363 machte sich die Stadt die länger andauernde innere Krise der Abtei zu Nutze, erstürmte die Burg, kaufte sie schließlich dem Abt ab und erreichte die Anerkennung eines selbst gewählten Stadtrates. Erst als im Bauernkrieg 1525 das Kloster gestürmt und der Abt in den Stadtmauern Schutz suchen musste, nutzte die Stadt die Gunst der Stunde und kaufte der Abtei alle Rechte ab, die diese noch innerhalb der Mauern besaß.

Durch den Anschluss der Stadt an die Reformation begann sich aber schon wenige Jahre später nun konfessioneller Sprengstoff zu sammeln, der sich im Dreißigjährigen

Reichsabtei und Fürstabt

Reichsabteien standen unter dem Schutz des Königs und bekamen von diesem die Immunität verliehen. Dadurch waren sie politisch selbständig, bildeten ein eigenständiges Territorium und hatten den Rang von Grafschaften inne. Der geistlichen Herrschaft des Diözesanbischofs konnten sie sich dadurch ebenfalls entziehen. Die Reichsäbte hatten als Vorsteher der Reichsklöster im hohen Mittelalter umfangreiche politische und diplomatische Verpflichtungen.

Daher hielten sie sich oft in der Nähe des Hofes und des Königs auf. Da das mittelalterliche Reich keine Hauptstadt besaß und der Hof immer umher zog, wurden Reichsabteien zu dessen Verpflegung und Unterbringung herangezogen. Im Kriegsfall mussten Ritter, Pferde, Wagen und Geld gestellt werden. Im Spätmittelalter hatten Reichsabteien einen Sitz auf der Prälatenbank des Reichstages.

Entstammten die meisten Reichsabteien der Karolingerzeit, so war es auch im Barock noch hartnäckig verfolgtes Ziel reicher Klöster, durch den Erwerb der oft lästigen und schädlichen Vogtei zur selbständigen Reichsabtei aufzusteigen. Zudem war damit ein bedeutender Prestigezuwachs verbunden. Nur wenigen Reichsabteien war es vergönnt, durch königliche Gunst in den Reichsfürstenstand aufzusteigen.

Kirche und Abteigebäude Kemptens wurden in ihrer Anlage prägend für die süddeutsche Klosterbaukunst

Krieg gewaltsam entlud. Als die Schweden 1632 Kempten besetzten und die Klostergebäude plünderten, wollte die Stadt ihren Erzfeind endgültig loswerden und ließ die mittelalterliche Abteianlage abbrechen. Fürstabt Roman Giel von Gielsberg (1639–1673) wagte nach dem Westfälischen Frieden 1648 nicht nur einen baulichen Neubeginn, sondern auch die Erneuerung des Klosterlebens, das sich seit dem 13. Jh. in einer nicht enden wollenden Phase des Niedergangs befand. Da ausschließlich adelige Herren aufgenommen wurden, hatte man sich durch persönlichen Besitz und Freizügigkeit immer mehr den Gewohnheiten eines Stiftes angenähert. Nur noch eine verschwindend geringe Zahl von Mönchen hielt sich in den großen Gebäuden auf. Fürstabt Romans Ziel war es, durch Aufnahme von Bürgerlichen dem Klosterleben neuen Schwung zu geben, doch scheiterten seine Pläne endgültig am hartnäckigen Widerstand der schwäbischen Reichsritterschaft. Auch der eigene Konvent, der sich seit der Zerstörung des Klosters auf Schloss Schwabelsberg in komfortablem Exil befand, stellte sich seinen Reformideen entgegen. Als die Klostergebäude 1666 weitgehend vollendet waren, weigerte sich dieser, nach Kempten zurückzukehren. Der Abt war darüber so erzürnt, dass er den umliegenden Bauern befahl, das Schloss zu stürmen. Die Mönche flohen in die Schweiz und kamen erst zurück, nachdem sie durchgesetzt hatten, dass Abt Roman ein gemäßigter Stellvertreter zur Seite gestellt wurde. Wenn auch Fürstabt Roman seine Reformvorstellungen nicht durchsetzen konnte, so schuf er mit dem Wiederaufbau der Abtei ab 1651 für den süddeutschen Klosterbau des Barock Grundlegendes. Unter seiner Anleitung entwarf der Vorarlberger Architekt Michael Beer ein großes Gebäuderechteck, das durch einen inneren Flügel in den östlichen Bereich des Konventes und den westlichen Teil für Fürstabt und Verwaltung getrennt wurde. Die Klosterkirche war nun nicht mehr seitlich mit dem Klosterbau verbunden, sondern frei vor den Westtrakt gesetzt, nur noch durch die Sakristei mit diesem verbunden. Die Abteikirche ließ Abt Roman auch nicht mehr an der Stelle des mittelalterlichen Vorgängers errichteten, der unmittelbar hinter der Stadtmauer lag, sondern am Ort der Pfarrkirche St. Lorenz. So nutzte er geschickt die Hügellage zur demonstrativen Erhöhung der neuen Kirche gegenüber der verhassten Reichsstadt aus. Aus Kostengründen sollten Kloster und Pfarrei nun gemeinsam eine Kirche nutzen. Allein die Ausmaße der Gesamtanlage von 145 m Länge und 43 m Breite vermitteln unübersehbar das Triumphgefühl der wie Phönix aus der Asche wieder erstandenen Fürstabtei als Zentrum eines katholischen Klosterstaates.

Unter Beers Nachfolger, Johann Serro aus Roveredo, konnten 1661 die Kirche und bis 1666 die Klostergebäude vollendet werden. Wirtschafts- und Verwaltungsbauten sowie repräsentative Gartenanlagen folgten. Katholische Handwerker und Bürger siedelten sich an, sodass die Abtei 1712 mit der Verleihung der Stadtrechte der evangelischen Reichsstadt auch in wirtschaftlicher Hinsicht einen Konkurrenten unmittelbar vor die Stadtmauer gesetzt hatte.

Die barocken Fürstäbte, die nicht nur wie ihre mittelalterlichen Vorgänger den Ehrentitel eines kaiserlichen Kaplans, sondern auch den eines Erzmarschalls der Kaiserin führen durften, entfalteten ein prunkvolles Hofleben. Zur musikalischen Untermalung wurde eine eigene Hofkapelle unterhalten.

In der Barockzeit war die Fürstabtei zum Mittelpunkt eines absolutistischen Klosterstaates geworden, der sich rigoros auf Kosten seiner Bewohner gefestigt hatte. Im Gegensatz zu anderen baufreudigen Barockklöstern wälzte die Fürstabtei die Kosten des aufwendigen Neubaus überwiegend auf ihre Untertanen ab. Weitgehend unbetrauert verschwand daher bei der Säkularisation 1802/03 das wohl vornehmste bayerische Kloster, dessen Schulden sich bis dahin auf die ungeheure Summe von 2,25 Millionen Gulden vermehrt hatten. Bayern konnte sich einen Klosterstaat von rund 1 000 km^2 mit 42 000 Bewohnern einverleiben.

Einzigartig ist die Chorkuppel der Abteikirche, die vermutlich an das Aachener Münster Karls des Großen erinnern sollte

Die mittelalterliche Figur des Gekreuzigten besitzt bewegliche Arme, um sie in die Karfreitagsliturgie einzubeziehen

Rundgang durch das Kloster

Die Baugestalt der Abteikirche wurde durch die Ideen Fürstabt Romans geprägt, der sich vor seiner Wahl mehrere Jahre in Rom aufgehalten hatte. An das dreischiffige Langhaus der Pfarrgemeinde, das Scheinemporen im Palladio-Stil erhielt, schließt sich der achteckige Zentralraum des Mönchschores an. Zweigeschossig und mit kuppelbekröntem Mittelraum angelegt, ließe sich dessen ungewöhnliche Architektur nur als barocke Umsetzung der Aachener Pfalzkapelle Karls des Großen erklären. Damit huldigte der Fürstabt dem großen Förderer der Abtei, demonstrierte zugleich aber auch seine Reichsfreiheit und sein Ehrenamt als kaiserlicher Kaplan.

Die Verschiedenheit von Langhaus und Chor mildert die vornehme Stuckierung in Weiß und Gold des Graubündners Giovanni Zucalli ab, die durch farbenfrohe Fresken und im Chor zusätzlich durch Stuckeinlegearbeiten bereichert wird. Das Chorgestühl der Mönche, heute an die Wand gerückt, verdient dank seiner Landschafts- und Architekturansichten in bunter Stuckeinlegearbeit (1672, Stuckateurin Barbara Hackel) besondere Beachtung. Die Fresken des Konstanzer Malers Andreas Asper gehören zu den ganz frühen illusionistischen Deckenmalereien Süddeutschlands. Die erste Ausstattung des barocken Neubaus genügte nicht mehr den Ansprüchen des hoch gebildeten Fürstabtes Rupert von Bodman (1678–1728), der sie durch die heutigen monumentalen Stuckmarmoraltäre ersetzten ließ. Sein Neuausstattungsprogramm begann 1681 mit dem Einbau zweier Orgelemporen am Choreingang. 1728 entstanden unter dem großen Musikfreund Fürstabt Anselm von Reichlin-Meldegg (1728–1747) die beiden barocken Instrumente mit ihrem reichen Prospekt. Fürstabt Rupert ließ die Seitenschiffe 1704 durch Rundkapellen des Füssener Architekten Johann Jakob Herkomer bereichern.

Fürstabt Anselm beauftragte das gleiche Künstlerteam, das seine Residenz mit einer prunkvollen Raumfolge ausstattete, mit der Herstellung schwungvoller Rokoko-Altäre für die Seitenkapellen, die sein Nachfolger Engelbert Syrg von Syrgenstein (1747–1760) vollenden ließ. Besonders effektvoll sind die Altäre für den hl. Nepomuk und den hl. Sebastian, die in ihre Gestaltung ein Seitenschifffenster miteinbeziehen.

Von der mittelalterlichen Ausstattung ist allein noch das Astkreuz aus der Mitte des 14. Jh. vorhanden, das durch seine bewegbaren Arme am Karfreitag in das Heilige Grab gelegt und so in die Liturgie miteinbezogen werden konnte. Damit ist es eines der frühesten Beispiele dieser Art.

Die repräsentative Raumfolge der Residenz Fürstabt Anselms zählt zu den schönsten Innenräumen süddeutschen Rokokos und bildet einen der Höhepunkte einer bayerischen Klosterreise. Anregend wirkten wohl die kurz zuvor vollendeten sog. Reichen Zimmer in der Münchner Residenz des bayerischen Kurfürsten, die aber nur in Rekonstruktion nach den Zerstörungen des Zweiten Weltkrieges überkommen sind. Dem Kemptener Fürstabt standen mit dem Hofstuckateur Johann Georg Üblher und dem flämischen Bildhauer Aegid Verhelst führende Kräfte zur Verfügung. Zusammen mit einigen Wessobrunner Stuckateuren und dem Maler Johann Martin Zick schufen sie ein Ausstattungsprogramm, das allein den Fürsten an der Spitze des Klosterstaates verherrlicht, doch bleiben die Proportionen menschlich. Der lebhafte und farbenfrohe Stuck verbindet mit einigen humorvollen Einfällen illusionistisch die Bildwelt der Deckenmalerei mit der Welt des Betrachters.

Nach der jüngsten Renovierung erstrahlt das Innere der Kirche in neuem Glanz

Öffnungszeiten:
Kirche tagsüber geöffnet
Prunkräume der Residenz nur mit Führung:
Mo. geschlossen, April–Sept. 9.00–16.00 Uhr, Okt. 10.00–16.00 Uhr, Nov.–März Sa. 10.00–16.00 Uhr

Info:
Prunkräume: Heimatdienst Kempten,
Tel.: 08378/1284
Lorenzkirche: Kath. Pfarramt,
Tel.: 0831/5405600
www.kempten.de
www.stlorenz.de

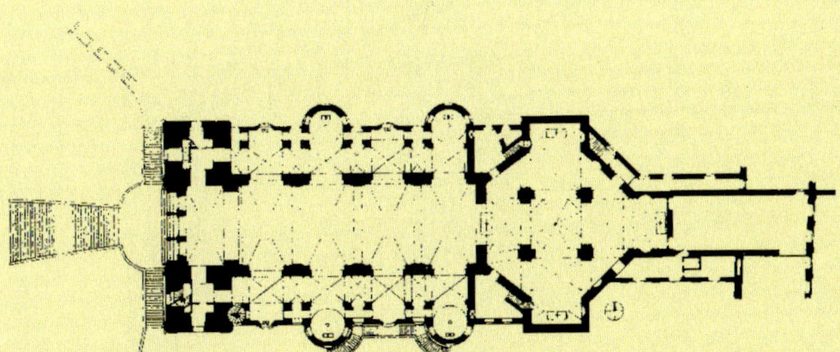

Jubiläumsbau der Superlative
Benediktinerabtei Ottobeuren

Wer sich über die Höhen der Reichsabtei nähert, wird nicht nur durch die Monumentalität der gewaltigen Barockbauten in Bann geschlagen. Auch die reizvolle Landschaft mit Alpenkulisse trägt viel zur Steigerung des ersten Eindrucks bei. Seit über 1200 Jahren erklingt hier ununterbrochen das Gotteslob der Mönche.

Beherrschend liegen die machtvollen Bauten der Reichsabtei in der Voralpenlandschaft

Aus der Geschichte des Klosters

Die Klostertradition legt die Gründung durch eine schwäbische Adelsfamilie in das Jahr 764. Nur kurze Zeit später soll Kaiser Karl und seine schwäbische Gemahlin Hildegard Ottobeuren zur Reichsabtei erhoben haben. Da sich die Urkunden als zeitbedingte Fälschungen des 12. Jh. erwiesen haben, sind die Nennung 819 als Königskloster und um 830 im Verbrüderungsbuch der Reichenau die ersten historisch abgesicherten Daten.

Zu wirklicher Bedeutung gelangte die Abtei erst durch den sel. Abt Rupert I. (1102–1145) aus dem Schwarzwaldkloster St. Georgen, der den Anschluss an die Hirsauer Reform brachte. Die Mönche fertigten prachtvolle Handschriften an, die Bibliothek füllte sich. Dieser Schwung erlahmte im 14. und 15. Jh. fast völlig. Die klösterliche Lebensweise wurde weitgehend verlassen. Einer Reform verweigerten sich die wenigen Mönche hartnäckig. Erst durch Abt Leonhard Widemann (1508–1546) gelang endlich eine anhaltende Besserung. Er ließ schon 1509 eine der frühesten Klosterdruckereien einrichten und gründete 1543 in Ottobeuren eine Benediktineruniversität, die aber schon nach wenigen Jahren wieder schloss. Im Kloster hielt der Geist des Humanismus Einzug, dessen bedeutendster Vertreter Prior Nikolaus Ellenbog wurde. Bildung galt nun auch für Mönche als wichtiges Gut. Daher griff Ottobeuren 1617 begeistert die Idee des Salzburger Erzbischofs zur Gründung einer ordenseigenen Universität in der Salzachstadt auf, für die die ersten Professoren gestellt wurden. Das Kloster selbst unterhielt für die Allgemeinheit ein großes Gymnasium und eine interne Ordensschule.

Im 17. und frühen 18. Jh. musste die Abtei nicht nur Kriegsschäden verkraften. Auch mit den Augsburger Bischöfen hatte Ottobeuren nicht wenige Schwierigkeiten, die sich die große Klosterkrise 1356 zu Nutze gemacht hatten und in den Besitz der Vogtei gelangt waren. Damit waren bedeutende Abgaben verbunden, die das Kloster zahlen musste. Nachdem sich die Abtei wieder innerlich gefestigt hatte, begann sie einen Prozess gegen Augsburg, um wieder in den Besitz der Reichsfreiheit zu gelangen. Der Bischof ließ 1611 sogar den damaligen Abt entführen. Ottobeuren aber hatte die besseren Argumente und gewann 1624 den Rechtsstreit. Dem Bischof verblieb nur die Schutzvogtei.

Abt Rupert II. Neß (1710–1740), Sohn eines Wangener Schmieds und einer der fähigsten Äbte der Reichsabtei, ergriff nur ein Jahr nach Amtsantritt beherzt die Chance, für 30 000 Gulden die Augsburger Rechte endgültig abzulösen. Als triumphales Zeichen der wiederhergestellten Selbständigkeit begann er 1711 einen gewaltigen Neubau, der die Dimensionen des mittelalterlichen Klosters völlig in den Schatten stellte. Nach dem Vorbild der Abtei Kempten sollten nun Kirche und Kloster in einer Achse liegen, weshalb sogar die Ausrichtung des Gotteshauses von Ost nach Süd gedreht wurde. Schon Anfang 1715 war der durch den Klosterarchitekten P. Christoph Vogt erbaute 140 m lange Osttrakt für den Konvent bezugsfertig. 1731 war nicht nur das gewaltige Rechteck des Klosters mit seinen drei Innenhöfen und der reichen Ausstattung der Prunkräume vollendet, sondern auch der sich südlich anschließende Wirtschaftshof. 1739–1741 wurde noch das Beamtengebäude in die Achse der Westfront gesetzt.

Von den führenden Baumeistern der Zeit, darunter Dominikus Zimmermann, forderte Abt Rupert Pläne für die neue Klosterkirche an, die nach seinen Vorstellungen vom Klosterbaumeister Simpert Kramer zusammengefasst wurden. 1737 konnte

feierlich der Grundstein gelegt werden. Langwierige Fundamentierungsarbeiten und der Tod Abt Ruperts 1740 ließen den Bau stocken. Der neue Abt Anselm Erb (1740–1767), Bürgerssohn aus Ravensburg, gewann mit sicherem Gespür für Qualität 1748 den berühmten Münchner Architekten Johann Michael Fischer (1692–1766). Dieser hatte gerade beim Neubau der Benediktinerabtei Zwiefalten Großartiges geleistet. Nach Überarbeitung und Straffung der vorliegenden Pläne konnte er bis 1753 den Rohbau vollenden. Für die Innenausstattung griff er auf sein in Zwiefalten bewährtes Team, dem Stuckateur Johann Michael Feichtmayr (1696–1772) und dem Bildhauer Johann Joseph Christian (1706–1777), zurück. Da man den Kirchenbau trotz raschen Fortschritts nicht bis zur eigentlichen Jahrtausendfeier 1764 vollenden konnte, verlegte der Abt das Jubiläum kurzerhand auf die zwei Jahre später erfolgte Einweihung. Die mehrtägigen, prunkvollen Einweihungsfeierlichkeiten mit Tausenden von Teilnehmern entsprach ganz dem neuen Prachtbau. Allein für dieses Fest gab das Kloster über 45 000 Gulden aus, während der gesamte Neubau die gewaltige Summe von knapp 547 000 Gulden verschlang. Doch die beiden Bauherren waren nicht nur in den schönen Künsten, sondern auch im Wirtschaften versiert.
Abt Honorat Goehl (1767–1802) förderte intensiv Kirchenmusik und Klostergymnasium und baute die Gemäldesammlung weiter aus. Als Landesvater ließ er die Klosterländereien erstmals vermessen und verteilte sie im Zuge einer Bodenreform neu an die Bauern. Forst- und Landwirtschaft sollten mit neuen Methoden intensiviert werden. Das Straßennetz wurde mit großem Aufwand erneuert. Pater Ulrich Schiegg (1752–1810), Sohn einfacher Bauern, entwickelte sich auf der Grundlage seiner soliden Ausbildung im Kloster zu einem wahren Universalgenie. Er führte unter anderem die Landvermessung durch und neue Methoden der Düngung ein.

In den 1790er Jahren zogen zahllose französische Flüchtlinge auch an Ottobeuren vorbei, wurden auf der Durch-

Der Kreuzaltar mit dem romanischen Kruzifix bildet das Zentrum des riesigen Innenraumes

Johann Michael Fischer schuf mit der Ottobeurener Abteikirche sein Hauptwerk

reise versorgt und mit beachtlichen Geldsummen unterstützt. Die Abtei war dadurch stets auf dem neuesten Stand der immer bedrohlicheren Entwicklung. Daher traf es die Mönche nicht überraschend, als ihnen 1802 die Aufhebung und Enteignung der Abtei verkündet wurde. Bayern verleibte sich einen Klosterstaat mit 266 km² und 10 000 Bürgern ein. Von 45 Mönchen blieben 18 bei ihrem Abt und versuchten, unter schwierigsten Bedingungen und mit knappen staatlichen Pensionen in einem Teil der Gebäude ihr Klosterleben fortzusetzen. Erst 1834 gelang unter Ludwig I. die Wiederbegründung, die noch ein Mönch erleben durfte.

Rundgang durch das Kloster

Schon die imposante Fassade mit ihren 82 m hohen Türmen und dem vorschwingenden Mittelteil lässt ahnen, dass hier Großartiges zu erwarten ist. Nachdem das Portal mit der Inschrift »Haus Gottes und Pforte des Himmels« durchschritten ist,

glaubt man sich tatsächlich in eine andere Welt versetzt. Der Eindruck der ungeheuren Weite des knapp 90 m langen Raumes verstärkt sich beim Durchschreiten immer mehr, bis man sich in der Mitte der Kirche in einem Zentralbau wähnt. Hier führte der Architekt Johann Michael Fischer das barocke Ringen um eine Verbindung von Lang- und Zentralraum auf einen neuen Höhepunkt. Alles atmet Monumentalität, ohne erschlagend zu wirken. Das Mittelschiff wurde in eine Abfolge dreier Kuppeln aufgelöst, die sich durch die Fresken der beiden Tiroler Vettern Franz Anton und Johann Jakob Zeiller in eine visionäre Himmelsschau öffnen. Im Langhaus erscheint die Verherrlichung des hl. Benedikt und der Heiligen seines Ordens, in der Vierung die Herabkunft des Heiligen Geistes auf die Urgemeinde, dem Vorbild jeder klösterlichen Gemeinschaft, und im Chor die Verkündung des Erlösungsplanes durch Gott.

Ins Menschliche holen den Riesenbau die exquisiten Rokokostuckaturen mit ihrer lebhaften Puttenwelt zurück. Johann Michael Feichtmayr war auch diesem Großauftrag bestens gewachsen. Er entwarf zudem die Altäre, die in den kapellenartigen Seitenschiffen auf das Kunstvollste aufgelöst sind. Die Enden der halbrunden Querarme und des Chores bestimmen seine großen Altäre. Am Eingang zur Vierung erhält die Kanzel mit der Verklärung Christi ein Gegengewicht durch den Aufbau mit der Taufe Christi über dem Taufstein. Das romanische Kreuz auf dem Altar am Choreingang verklärte die Klostertradition zum wundertätigen Siegeskreuz Kaiser Karls des Großen, was seinen zentralen Aufstellungsort erklärt.

Zwei Stücke sind aus der überaus qualitätvollen Gesamtausstattung hervorzuheben: Chorgestühl und Chororgeln, die eine wunderbare Einheit bilden. Die Bildhauerarbeiten schuf Johann Joseph Christian. Die beiden Orgeln gehören zu den überragenden Werken des 18. Jh. Ihr Meister Karl Joseph Riepp (1710–1775) stammte aus dem Ottobeurener Wallfahrtsort Eldern, hatte seine Ausbildung in Straßburg und Paris erfahren und leitete eine sehr erfolgreiche Werkstatt in Dijon. 1754 begonnen, waren beide Werke zur Einweihung der Kirche vollendet. Eine große Hauptorgel war zwar noch geplant, aber nicht mehr ausgeführt worden.

Die Größe der Konventanlage steht der mächtigen Abteikirche in nichts nach. Das Rechteck in den Ausmaßen 140 x 120 m teilt sich funktional in drei Längsflügel für Konvent, Abt bzw. Verwaltung in der Mitte sowie dem westlichen Trakt für Schule und Repräsentation. Mit Wirtschaftshof und Gärten beträgt die Gesamtausdehnung sogar 480 x 430 m.

Durch die Klosterpforte zugänglich können Prunkräume, Kunstsammlung und Staatsgalerie besichtigt werden. Alles atmet auch hier funktionale Großzügigkeit, aber auch den Repräsentationswillen der Reichsabtei. Vorbei an der Benediktuskapelle gelangt der Besucher über eines der barocken Treppenhäuser in die Wohn-, Verwaltungs- und Empfangsräume des Abtes. Sie sind jetzt museal mit Werken der klösterlichen Kunstsammlung bestückt, unter denen besonders die Werke des spätgotischen Ottobeurener Meisters herausragen. Vorbei am großzügigen Bibliothekssaal gelangt man in die Räume der Staatsgalerie, deren Bilderbestand sakrale Malerei des Allgäus von der Spätgotik bis zum Barock aufweist, darunter auch Bestände aus Ottobeuren. Die Abtskapelle am Ende der Prälatur führt deutlich die besondere Stellung des Klostervorstehers und Landesherrn vor Augen.

Auf dem Weg zum Kaisersaal hat sich als besondere Kostbarkeit der barocke Theatersaal erhalten, der vom Ordensnachwuchs und den Klosterschülern genutzt

Ottobeuren gehört zu den ganz großen europäischen Bauleistungen des 18. Jh.

In der Vierungskuppel stellten die Freskanten Johann Jakob und Franz Anton Zeiller die Herabkunft des Heiligen Geistes als zentrales Ereignis der Urgemeinde dar

wurde. Aber auch vornehme Gäste durften sich hier mit dem Konvent an teilweise hochkarätigen Aufführungen von Theaterstücken und Opern erfreuen, von denen einige sogar von Mönchen verfasst wurden. Der Kaisersaal im Zentrum des Westflügels steht ganz im Zeichen der Selbstdarstellung Ottobeurens als Reichsabtei. Das Deckenfresko von Karl Stauder zeigt die Krönung Karls des Großen zum Kaiser im Jahre 800. Hier wurde aber nicht nur dem vermeintlichen großen Förderer Ottobeurens gehuldigt, sondern durch zeitgenössische Portraits der Bogen in die Gegenwart gespannt. Raumbestimmend ist die Reihe der habsburgischen Herrscher, geschaffen von Josef Anton Sturm, die bis Kaiser Karl VI. und damit bis in die Entstehungszeit des Saales (1724/25) reicht. Ganz dem höfischen Zeremoniell verpflichtet ließ die Abtei zwei Treppenhäuser errichten, die von der zentralen Einfahrt bis zum Saal führen. Kloster- und Schlossarchitektur gehen in der Reichsabtei Ottobeuren eine geradezu idealtypische Verbindung ein.

Öffnungszeiten:
Kirche tagsüber geöffnet
Staatsgalerie mit Prunkräumen:
15. März–4. Nov. Mo.–So. 10.00–12.00 und 14.00–17.00 Uhr;
5. Nov.–3. Febr. Mo.–Fr. 14.00–16.00 Uhr;
Sa., So. und Fei. 10.00–12.00 und 14.00–16.00 Uhr;
4.Febr.–14. März Sa, So. und Fei. 10.00–12.00 und 14.00–16.00 Uhr

Info:
Abtei Ottobeuren, Tel.: 08332/7980
www.abtei-ottobeuren.de

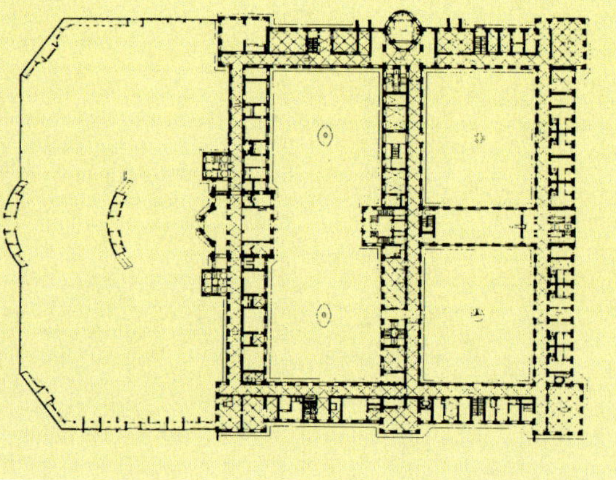

Klosterstadt und Fürstenschloss
Benediktinerabtei St. Emmeram in Regensburg

In Regensburg, Bayerns erster Hauptstadt, nimmt St. Emmeram einen besonderen Rang ein. Seine reiche Vergangenheit als Hauskloster der ostfränkischen Karolinger und mittelalterliches Reformzentrum zeigt sich noch im romanischen Kirchenbau mit drei Krypten und einer Fülle an Heiligen-, Königs- und Adelsgräbern. Als Residenz der Fürsten von Thurn und Taxis haben die Klostergebäude ihre besondere Aura bewahrt.

Der frühgotische Portalbau der Abtei bildete einst den Eingang in eine romanische Vorhalle

Aus der Geschichte des Klosters

Der Legende nach wirkte im späten 7. Jh. der hl. Emmeram als Missionsbischof im herzoglichen Auftrag in Bayern. Aufgrund seines Eintretens für eine unverheiratete Herzogstochter, die schwanger geworden war, wurde er auf Befehl ihres Bruders in Kleinhelfendorf grausam ermordet. Rasch erwies sich seine Unschuld, sodass der Leichnam nach Regensburg überführt und in einer Georgskirche außerhalb der römischen Mauern bestattet wurde. Das Märtyrergrab entwickelte sich bald zum Pilgerziel, zu dessen Betreuung sich einige Kleriker ansiedelten. Nachdem Bonifatius im Zuge seiner Neuorganisation der kirchlichen Verhältnisse in Bayern Regensburg 739 offiziell zum Bischofssitz bestimmt hatte, entstand nachfolgend an der Georgskirche eine Benediktinerabtei. Die Abtswürde blieb nach angelsächsischer Tradition jahrhundertelang mit dem Bischofsamt verbunden. Bis Mitte des 12. Jh. ließen sich die Regensburger Oberhirten hier bestatten.
Schon 740 ist die feierliche Erhebung der heiligen Gebeine und die Umbettung in ein prächtiges Grab überliefert. Die verklärende Emmeramslegende Arbeos von Freising, die nur wenig historisch Fassbares enthält, entstand rund dreißig Jahre später. Ein monumentaler Neubau entstand um 780/90 unter Abtbischof Sintpert, von dem sich allein die karolingische Ringkrypta um die neu angelegte Gruft des Heiligen erhalten hat. Fresken der Erbauungszeit belegen die reiche Ausstattung.
Im 9. Jh. besaß die Abtei unter den ostfränkischen Karolingern, die häufig in Regensburg residierten, ihre größte Bedeutung. Kaiser Arnulf (um 850–899) errichtete unmittelbar nördlich des Klosters seine Pfalz und ließ sich im Chor der Kirche begraben. Von seinen kostbaren Geschenken haben sich die Prachthandschrift des Codex Aureus und das Arnulfsziborium erhalten (beide heute in München). Die hauseigene Tradition nahm später auch das Grab von Arnulfs Sohn und Nachfolger, König Ludwigs des Kindes, für die Abtei in Anspruch. Die Klosterpfalz bestand bis 1250, als König Konrad IV. nach einem dort auf ihn verübten Mordanschlag die Gebäude abbrechen ließ.

Kreuzgang

Kern jeden Klosters ist ein vierflügeliger Kreuzgang, der sich seitlich an das Langhaus der Kirche anschließt. Je nach Geländebeschaffenheit lag er auf der Süd- oder Nordseite. In seiner Form geht der Kreuzgang auf Vorhöfe antiker Kirchen zurück. Er war sowohl Verbindungs- als auch Prozessionsweg und diente, da meist verglast, noch anderen Zwecken. So war der der Kirche benachbarte Flügel mit Sitzbänken ausgestattet, da hier abendliche Lesungen und die Fußwaschung an Gründonnerstag stattfanden. Hier konnten die Mönche meditieren. Bevor eigene Bibliotheksräume eingerichtet wurden, diente der Kreuzgang auch als Leseraum. Der Kreuzgang verband die wichtigsten Klosterräume wie Kapitelsaal und Refektorium. Das Brunnenhaus, das in den begrünten Innenhof hineinragte, befand sich gegenüber dem Refektorium. Hier wuschen sich die Mönche vor dem Essen die Hände, schnitten sich aber auch Haare und Nägel. Der Kreuzgang war nicht aus praktischen Erwägungen eingefügt, er besaß vor allem auch symbolischen Gehalt. Die Viereckform stand für die Welt (4 Elemente, Himmelsrichtungen, Winde etc.), die gleichsam durch das unablässige Gebet der Mönche und Nonnen geheiligt wurde. Der Kreuzgangbrunnen war Symbol der Paradiesflüsse. Zudem sollte das Wasser die Mönche an ihr Taufgelöbnis erinnern. Im Barock verzichtete man auf diesen mittelalterlichen Gehalt. Der Kreuzgang verkümmerte zum funktionalen Flur.

Das wohl früheste Figurenportal der deutschen Romanik befindet sich in der Vorhalle

Den Kirchenbau des 11. Jh. verwandelten die Brüder Asam in einen barocken Festraum

St. Emmeram war im 9. und 10. Jh. ein bedeutendes Kulturzentrum, dessen Schreibstube fleißig Bücher kopierte und reich verzierte. 879 wurde bereits eine Bibliothek genannt, deren reichhaltiger Handschriftenbestand zu den größten mittelalterlichen Sammlungen zählte. In der Renaissance wurden hier die Werke Roswithas von Gandersheim entdeckt. In ihrer Frühzeit war die Abtei an der Missionierung Böhmens beteiligt, die von den Regensburger Bischöfen geleitet wurde. Unter Bischof Wolfgang, der sich wie seine Vorgänger in St. Emmeram begraben ließ und zu einem der beliebtesten Heiligen des deutschen Mittelalters aufstieg, begann im Kloster eine zweite Blüte. Er beendete 975 die Personalunion von Abts- und Bischofswürde und setzte Ramwold als Klostervorsteher ein. Unter ihm, der aus der Abtei St. Maximin in Trier kam, fand St. Emmeram Anschluss an die Reform von Gorze und erhielt wichtige religiöse Impulse. In seiner Amtszeit entstand um 980/90 ein Neubau der Abteikirche als dreischiffige, querhauslose Basilika. Im nördlichen Nebenchor sind aufgefundene Reste sichtbar belassen worden. An die Ringkrypta, die vom Vorgängerbau erhalten blieb, fügte er eine dreischiffige Außenkrypta an, die sich nur noch in der barocken Veränderung von 1775 erhalten hat. Hier fand dieser bedeutende Reformabt sein Grab.
Seine abnehmende Bedeutung versuchte das Kloster im 11. Jh. durch die Förderung neuer Heiligenkulte zu kompensieren. Neben dem hl. Bischof Wolfgang wurde der Kult des hl. Dionysius gefördert, dessen Reliquien angeblich Kaiser Arnulf in St. Denis in Paris für das Kloster gestohlen hatte. Aufkommende Zweifel versuchte der bedeutendste mittelalterliche Schriftsteller der Abtei, Otloh, mit einigen Fälschungen zu zerstreuen. Ein glanzvolles Ereignis war 1052 die Weihe des erst halb vollendeten Westchores durch Papst Leo IX. in Anwesenheit Kaiser Hein-

richs III. Mit diesem Anbau hatte St. Emmeram das Aussehen des konkurrierenden romanischen Domes der Stadt erhalten.

1166 brannte die Abteikirche nieder. Das Langhaus wurde nach dem Vorbild des Speyerer Domes neu errichtet. Zusammen mit dem Westbau erhielt es eine prachtvolle Holzdecke, deren Malereien einem ausgefeilten theologischen Konzept folgten. 1295 bekam St. Emmeram seine Reichsfreiheit bestätigt, mit deren Hilfe es im frühen 14. Jh. endgültig seine Abhängigkeit vom Regensburger Bischofsstuhl lösen konnte. Der Übertritt der Reichsstadt Regensburg zum evangelischen Glauben verursachte für das Kloster keine größeren Turbulenzen. Nur personell hatte man zu kämpfen, da die Konventgröße des 15. Jh. von rund 20 Mönchen sich im 16. Jh. teilweise halbierte. Da St. Emmeram aber nie ein Adelskloster war, konnte es seine Mitglieder aus dem bayerischen katholischen Bürgertum rekrutieren.

Ein Großbrand 1642 legte die Kirche mitsamt der mittelalterlichen Ausstattung in Schutt und Asche. Die nachfolgend angeschaffte erste barocke Ausstattung genügte im 18. Jh. nicht mehr den Ansprüchen Abt Anselm Godins (1725–1742), der mit großem finanziellem Aufwand von Kaiser Karl VI. 1731 die Erhebung in den Reichsfürstenstand erreicht hatte. Im gleichen Jahr beauftragte Fürstabt Anselm die Brüder Asam mit der Schaffung einer repräsentativen Raumschale im Kircheninnern, die die tausendjährige Geschichte dem Besucher eindrucksvoll vorführen sollte.

Im Zuge der Säkularisation, die 1803 auf dem Regensburger Reichstag beschlossen worden war, wurde St. Emmeram durch das neu geschaffene Fürstentum für den letzten Kurerzkanzler Carl Theodor von Dalberg bis 1810 eine Schonfrist eingeräumt. Erst der Anschluss an Bayern brachte die Auflösung. Die von den staatlichen Kommissaren ausgeplünderten Gebäude erhielt 1812 das fürstliche Haus

Das Deckenfresko des Langhauses ist ganz der Verherrlichung der angeblichen römischen Märtyrer Regensburgs und dem hl. Emmeram gewidmet

Thurn und Taxis, die seit 1748 den Kaiser auf dem Immerwährenden Reichstag in Regensburg vertraten. Die ehemaligen Klostergebäude erhielten durch den klassizistischen Marstall, die neugotische Fürstengruft im Kreuzganghof und den repräsentativen großen Südflügel in Neurenaissanceformen bis zum Ende des 19. Jh. immer stärker einen Residenzcharakter.

Rundgang durch das Kloster

Schon im frühen 10. Jh. besaß das Kloster- und heutige Schlossareal seine enorme Ausdehnung und wurde in die Stadterweiterung miteinbezogen. Zur Altstadt hin markiert vor allem der mächtige, frei stehende Glockenturm (1575/79) den Anspruch der katholischen Abtei innerhalb der evangelischen Reichsstadt. Im Kern noch aus dem 10. Jh. stammend ließ ihm Abt Ambrosius Mayrhofer demonstrativ ein mittelalterliches Aussehen als Kennzeichen der glanzvollen Klostervergangenheit geben. Zum Emmeramsplatz hin erhebt sich eine eindrucksvolle frühgotische Portalwand aus der Mitte des 13. Jh., die in der Achse der romanischen Kirchenvorhalle steht. Das dazwischen liegende Gartengelände sollte ursprünglich vollständig als zweischiffige Halle überbaut werden, wovon aber nur ein Teil verwirklicht wurde. Die genaue Funktion dieses Vorbaus ist noch ungeklärt. Das Doppelnischenportal (um 1060) gehört dank seiner Reliefs Christi sowie der hll. Emmeram und Dionysius zu den ältesten erhaltenen Figurenportalen des Mittelalters. Unterhalb des Reliefs mit dem Welterlöser und dem Medaillon des Bauherrn stand der romanische Abtsthron, der sich heute in der Wolfgangskrypta befindet. Seitlich führt eine Tür in die Pfarrkirche St. Rupert, die wohl im 12. Jh. durch Stiftung eines Regensburger Bürgers an das Seitenschiff der Emmeramskirche angefügt wurde.

Das Innere der romanischen Basilika, die mit ihren Krypten eine Länge von 100 m erreicht, enttäuscht zunächst ein wenig. Beim Wiederaufbau nach dem Brand von 1642 trennte man das Westquerhaus durch die Orgelempore vom Langhaus ab. Dadurch wurde dieser Bauteil aus der Mitte des 11. Jh. aber auch nicht in die Barockisierung durch die Asams miteinbezogen und vermittelt in seiner unverbauten Größe noch ein Gefühl für die monumentale Erscheinung der romanischen Kirche. Unter dem erhöhten Westchor mit großflächigen Resten von Fresken des späten 12. Jh. befindet sich mit der Wolfgangkrypta einer der reizvollsten Räume salischer Baukunst. Mit der karolingischen Ringkrypta und der ottonischen Ramwoldkrypta im Osten kann in St. Emmeram gleichsam eine Entwicklungsgeschichte dieser besonderen Kulträume studiert werden.

Egid Quirin Asam als Stuckateur und Cosmas Damian als Freskant hatten sich durch ihre Neugestaltung des romanischen Freisinger Domes für die Bauaufgabe in St. Emmeram empfohlen. Fürstabt Anselm entwickelte das umfangreiche theologische Programm, das die beiden Brüder bis 1733 in nur anderthalb Jahren verwirklichten. Das zentrale Deckengemälde setzt die Legende einer römischen Märtyrerstätte anstelle des späteren Klosters sowie die vermeintliche Loslösung der Abtei aus bischöflicher Gewalt durch Papst Leo III. prachtvoll in Szene. Die wie aufgehängt wirkenden stuckierten Bilderrahmen an den Längswänden tragen einen Freskenzyklus der Emmeramslegende, der das Hochaltarblatt Joachim von Sandrats von 1666 mit dem Martyrium des Heiligen miteinbezieht. Die großen Stuckfiguren führen

den Emmeramer Heiligenhimmel vor Augen: Selige oder heilige Bischöfe und Äbte, die aus der Abtei hervorgegangen sind, darunter Wilhelm von Hirsau, stehen hier neben den beiden hl. Kaisern Karl dem Großen und Heinrich II. Fürstabt Anselm wollte mit dieser Neudekoration des Langhauses eine Ruhmeshalle der bedeutenden klösterlichen Vergangenheit schaffen. Miteinbezogen wurden die zahlreichen mittelalterlichen Hochgräber in den Seitenschiffen, sodass eine der umfangreichsten Ansammlungen figürlicher gotischer Grabmalskunst in Deutschland erhalten geblieben ist. Besonders hervorzuheben sind die beiden Frauengräber der Königin Hemma aus dem späten 13. und der seligen Aurelia aus dem frühen 14. Jh. im nördlichen Seitenschiff. Hochinteressant sind die beiden Grabmäler der hll. Emmeram und Wolfgang an deren ursprünglichen Bestattungsorten im südlichen Nebenchor bzw. Seitenschiff.

Im Rahmen einer Führung durch das fürstliche Schloss empfiehlt sich unbedingt der Besuch des mittelalterlichen Kreuzgangs. Er zählt zu den größten Anlagen in Deutschland und besitzt mit seinem nördlichen Flügel aus der Zeit um 1220/40 eine Kostbarkeit frühgotischer Baukunst, die sich besonders schön im prachtvollen Portal zur Kirche präsentiert. Seltenheitswert hat auch die große romanische Küche.

Zu den schönsten Grabmälern des 13. Jh. gehört die Figur Königin Hemmas, der Gemahlin Ludwigs des Deutschen.

Öffnungszeiten:
Basilika tagsüber geöffnet, Rupertkirche nur im Sommerhalbjahr
Kreuzgang nur mit Schlossführung, Tel.: 0941/5048-133
Info:
Kath. Pfarramt, Tel.: 0941/51030
www.thurnundtaxis.de
www.regensburg.de

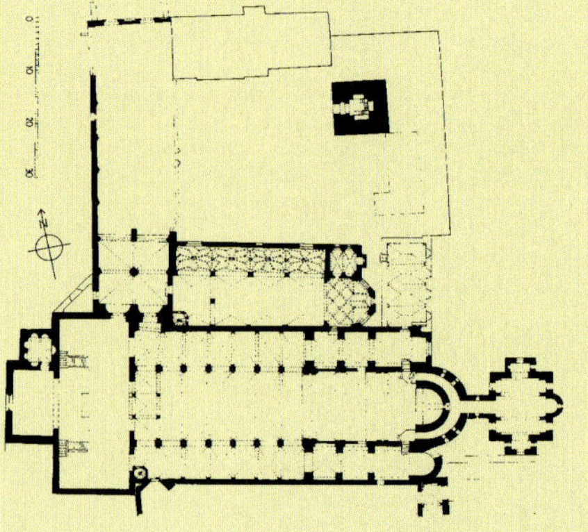

Inselschönheit und Klosterstille
Benediktinerabtei Seeon

Auch wenn es nie zu den großen Abteien des Landes gehörte, bietet Seeon dank seiner Insellage und zurückhaltenden Barockisierung noch ein ungestörtes Bild mittelalterlicher Klosterarchitektur. Mit der benachbarten Walburgakirche hat sich hier als seltenes Beispiel ein Rest eines benediktinischen Doppelklosters erhalten.

Vor kurzem konnte die gotische Kreuzigungsgruppe aus dem Freisinger Diözesanmuseum zurückkehren

Aus der Geschichte des Klosters

Wohl 994 gründete Markgraf Aribo I. Seeon als Hauskloster, das den Aufstieg zu einer der mächtigsten süddeutschen Familien dokumentiert. Denn durch seine Heirat mit Adala, die maßgeblich an der Klosterstiftung beteiligt war, erbte Aribo das bayerische Pfalzgrafenamt und reichen Besitz in Bayern, Kärnten und der Steiermark. Er war eng mit dem hl. Bischof Wolfgang von Regensburg befreundet. Deshalb holte der Pfalzgraf den Gründungskonvent aus der Abtei St. Emmeram, das durch Wolfgangs Initiative zu einem bedeutenden Zentrum der Gorzer Klosterreform geworden war. Mit der Klostergründung verbunden ist die wunderbare Auffindung angeblicher Gebeine des hl. Lambertus, Märtyrerbischof von Maastricht, in Bayern, die Aribo nach Seeon holen ließ. Damit besaß die Abtei Reliquien eines der meistverehrten Heiligen dieser Zeit. 999 nahmen Kaiser Otto III. und Papst Sylvester II. Seeon unter ihren Schutz. Der Gründungsvorgang der Reichsabtei war damit abgeschlossen. Wohl von Anfang an bestand auf der ehemaligen Nachbarinsel ein Frauenkonvent, der aber im späten 12. Jh. einging oder verlegt wurde.
Nur die spätgotisch erneuerte Walburgakirche hält die Erinnerung an das einstige Doppelkloster wach. Zumindest für die Gründungszeit des Männerklosters ist ein Skriptorium bezeugt, bei dem Kaiser Heinrich II. einige prachtvoll ausgestattete Handschriften für seine Bamberger Domgründung bestellte.
Schon 1201 endete die selbständige Stellung als Reichsabtei, als König Philipp von Schwaben Seeon zusammen mit Frauenchiemsee dem Salzburger Erzbischof übergab. 1247 wählten die Mönche wohl nicht ganz freiwillig die Wittelsbacher zu ihren Vögten. Seeon konnte sich aus dieser Abhängigkeit nie wieder befreien. Im 15. Jh. geriet das innere Leben allmählich in Schieflage. Reformversuche, die auf Salzburger Initiative hin gestartet wurden, fruchteten nicht. Erst durch Martin II. Kötterlein (1576–1590), vormals wirtschaftlicher Leiter des Klosters Tegernsee, der durch Druck des Landesherrn Herzog Albrecht V. zum Abt gewählt wurde, besserten sich die Verhältnisse schlagartig. Er legte großen Wert auf die Bildung der Mönche, die nun verstärkt zu einem Universitätsstudium ermuntert wurden. Doch kann erst im 18. Jh. wieder von einer wirtschaftlichen, geistigen und religiösen Blütezeit des Klosters gesprochen werden. In dieser Zeit bestand ein enges Verhältnis zum Kloster Frauenchiemsee, für das die Priester gestellt wurden.

Die Lage im See verleiht der Anlage klösterliche Abgeschiedenheit

Musik in Klöstern

Musik gab es in Klöstern zunächst nur in der Liturgie. Der einstimmige gregorianische Choralgesang mit seinen schlichten Melodien durchzog den Tagesablauf der Mönche und Nonnen. Ab dem Spätmittelalter begleitete diesen verhalten die Orgel. Für feierliche Gottesdienste wurde seit der Renaissance der mehrstimmige Gesangsstil eingeführt. Die höchste Blüte erreichte klösterliche Kirchenmusik im 18. Jh. durch die Einbeziehung von Elementen der Oper und Instrumentalmusik. Aufwendige Orgeln wurden gebaut und nicht nur in der Liturgie, sondern bei zahlreichen Anlässen wie Jubiläen und Empfängen hoher Herrschaften auch klostereigene Kompositionen aufgeführt. Selbst innerhalb der Konvente wurde mit Hingabe musiziert. Wie an Fürstenhöfen erklang zur Tafel festliche Musik. Die meisten klostereigenen Kompositionen der Barockzeit harren noch in Archiven ihrer Entdeckung und Wiederaufführung.

Seeon nimmt in der Musikgeschichte bayerischer Klöster einen besonderen Rang ein. Hier herrschte seit dem 17. Jh. innerhalb des Konventes ein reiches musikalisches Leben, angeregt durch das Vorbild des erzbischöflichen Hofes in Salzburg. Nicht nur komponierende und musizierende Mönche wurden hier gefördert, sondern auch begabte Laien wie Max Keller. Er war zunächst als Singknabe in die Klosterschule aufgenommen worden und erhielt auf Fürsprache des Abtes Unterricht bei Michael Haydn am Salzburger Dom. Keller komponierte fleißig für alle Anlässe des klösterlichen Lebens, darunter auch die Musik für das Hausnudelfest und das Begräbnis des Schoßhundes von Abt Lambert. Keller war zudem für die Frauenchiemseer Nonne Sebastiana Oswald tätig, deren Sopranstimme weit über die Klostermauern hinaus berühmt war. Michael Haydn schrieb für sie die sog. »Chiemsee-Messe«.

Da die Söhne einiger guter Bekannter der Familie Mozart in Seeon Mönche waren, kam Vater Leopold mit dem kleinen Wolfgang Amadeus oft von Salzburg zu Besuch. Das Wunderkind schrieb zwei kleine geistliche Stücke eigens für Seeon. Als moderne Reliquie des Genies wird im Bildungszentrum die originale Klaviatur der Barockorgel gezeigt, auf der der kleine Mozart den Konvent mit seinem Spiel erfreute.

Nach der Auflösung 1803 kamen die Gebäude durch Kauf an Privatleute, die eine schon von den Mönchen genutzte Heilquelle zur Einrichtung eines Kurhotels nutzten. Auch unter Doña Amalia, geborene Prinzessin von Leuchtenberg und verwitwete Kaiserin von Brasilien, die Seeon 1852 erwarb, ging der Kurbetrieb weiter. Erst 1892 wandelte ihr Großneffe Georg, Herzog von Leuchtenberg, das Klosterhotel in ein Schloss um. Die Familie musste Seeon aber 1933 verkaufen. Nach häufigem Besitzerwechsel brachte erst die Übernahme durch den Bezirk Oberbayern 1986 die entscheidende Wende. Nach umfangreicher Sanierung werden die Gebäude nun passend als Bildungszentrum genutzt.

Rundgang durch das Kloster

Von der ersten Abteikirche ist allein das Hauptportal und der nördliche Turm erhalten, der nach dem Vorbild von Frauenchiemsee achteckig ist und als Fluchtturm dienen konnte. Im späten 12. Jh. wurde ein Neubau errichtet, der innerhalb der spätgotischen und barocken Überformung noch vorhanden ist. Die romanischen Säulen des Langhauses stecken noch in den Pfeilern und sind auf der Nordseite an einer Stelle freigelegt. Die Westfassade wurde durch einen zweiten Achteckturm sowie eine dreischiffige Vorhalle mit Michaelskapelle im Obergeschoss aufwendig gestaltet.

Durch die Äbte Simon Farcher (1384–1412) und Erhard I. Farcher (1412–1438) erhielt Seeon seine spätgotische Prägung. Die 1433 neu geweihte Kirche bekam

Die romanische Basilika wurde im 15. Jh. völlig dem spätgotischen Zeitgeschmack angepasst

anstelle der Holzdecke prachtvolle, höchst variationsreiche spätgotische Gewölbe, für die die romanischen Säulen mit Pfeilern ummantelt werden mussten. Auch die Choranlage mit ihren drei Apsiden wurde zugunsten einer zeitgemäßen Lösung aufgegeben. Von der qualitätvollen Ausstattung mit acht gotischen Altären sind noch bedeutende Reste, allerdings auf Museen verteilt, vorhanden. Als Kopie wieder auf dem Seeoner Hochaltar aufgestellt ist die seit 1855 im Bayerischen Nationalmuseum in München aufbewahrte thronende Muttergottes mit Kind, geschaffen von einem Salzburger Meister als eines der Hauptwerke des sog. »Weichen Stils«. Ebenfalls in diesem Museum steht das Seeoner Vesperbild aus dem Umkreis der Prager Hofkunst Kaiser Karls IV. Um 1400 entstand auch die sog. »Taxenberger Kreuzigungsgruppe«, die erst 2002 als Dauerleihgabe aus dem Freisinger Diözesanmuseum zurückkehrte und sich seitdem wieder an ihrer alten Stelle im Chorbogen befindet.

Ein Werk, das in Seeon verblieben ist, entschädigt für diesen Verlust: das Gründergrab Pfalzgraf Aribos I., das einst vor dem Chor, heute in der Barbarakapelle seitlich der Vorhalle aufgestellt ist. Laut Inschrift stiftete 1395 Abt Simon Farcher, der sich an der Seitenwand des Hochgrabes selbstbewusst darstellen ließ, dieses Werk. Wohl zum 400-jährigen Jubiläum entstand durch den Bildhauer Hans Heider in rotem Marmor eines der eindrucksvollsten Grabdenkmäler bayerischer Spätgotik. Auf der Deckplatte ruht der Pfalzgraf mit den Insignien seines Amtes. Die Wappen an den Seitenwänden machen das Stiftergrab zugleich zu einem Denkmal der

gesamten Klostergeschichte. Hier findet sich neben den beiden bestimmenden Gewalten Salzburg und Wittelsbach auch das Wappen der Laiminger, die in Seeon ihr Erbbegräbnis hatten und wohl die Finanzmittel für den spätgotischen Umbau zur Verfügung stellten. Im 17. Jh. ließ Abt Honorat Kolb (1634–1653) in die Barbarakapelle die Grabmäler seiner Vorgänger übertragen und darunter eine Mönchsgruft anlegen. Deshalb steht die Rotmarmorplatte Abt Simon Farchers, einst Teil eines Wandgrabes, heute dem Stiftergrab gegenüber.
1561 traf Seeon ein schweres Brandunglück, dem aber fast alle gewölbten Bauteile widerstanden. Beim Wiederaufbau erhielten die beiden Türme ihre Zwiebelhauben, die mit zu den ältesten in Bayern zählen. Die Gewölbe der Kirche wurden mit wertvollen Renaissancemalereien geschmückt. Um 1625 folgten die Fresken an den Wänden des Mittelschiffes.
Der Kreuzgang, der von der Vorhalle aus zugänglich ist, entstammt ebenfalls der spätgotischen Bauphase. Allerdings wurden im Barock die Maßwerkfenster ausgebrochen. Auch hier finden sich zahlreiche Grabdenkmäler für Äbte und Wohltäter. Die wertvollsten wurden Angehörigen der Laiminger gesetzt, lagen aber ursprünglich in der von ihnen gestifteten Marienkapelle (heute Sakristei). Mit Ausnahme des gotischen Chörleins ist auch der dreischiffige Kapitelsaal erhalten. Die übrigen Klostergebäude sind Zeugen einer gediegenen Barockisierung. Anschluss an das bayerische Rokoko fand man in Seeon erst mit der Nikolauskapelle, die 1757 kein geringerer als Johann Michael Feichtmayr stuckierte und mit einem Altar versah, der auf raffinierte Weise das Fenster als »himmlische« Lichtquelle für die bekrönende Figur der Maria Immaculata einsetzt. Fresken und Altarbild schuf Joseph Hartmann. Der ganze Aufwand dieser Perle des Rokoko diente allein der Repräsentation des Abtes Benedikt Reicherseder, der hier neben neuen, prächtigen Wohnräumen sein Privatoratorium einrichtete.

An das Stifterpaar erinnern die Renaissance-Fresken

Heute ist Kloster Seeon eines der beliebtesten Ausflugsziele Bayerns

Öffnungszeiten:
Kirche, Kapitelsaal und Kreuzgang tagsüber frei zugänglich

Info:
Kath. Pfarramt, Tel.: 08624/89850
Bildungszentrum Bezirk Oberbayern, Tel.: 08624/8970
www.kloster-seeon.de

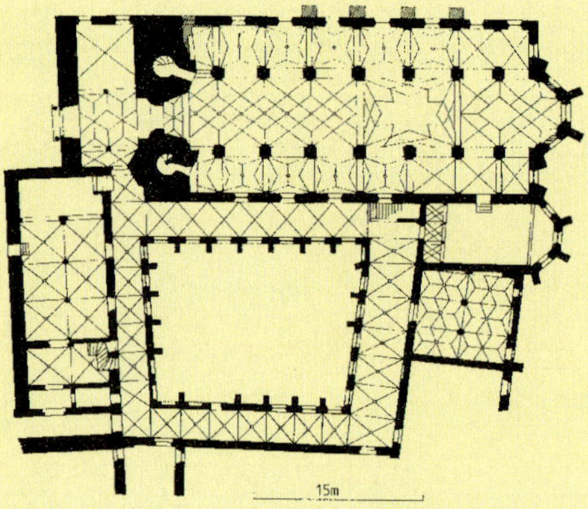

Rom am Donaustrand
Benediktinerabtei Weltenburg

Weltenburg vereinigt Kunst- und Naturgenuss auf einmalige Art. Nach einer Schifffahrt durch den wildromantischen Donaudurchbruch wartet die Kirche mit barocker Illusionskunst vom Feinsten auf. Sanft in die Realität zurückgleiten kann man anschließend im Biergarten des Klosters – auch ein bayerisches Kulturgut.

Die Kuppel der Abteikirche versetzt den Besucher in eine »himmlische« Sphäre

Aus der Geschichte des Klosters

Schenkt man der hauseigenen Überlieferung Glauben, so wäre Weltenburg das älteste bayerische Kloster. Gründer sollen im frühen 7. Jh. die hll. Eustasius und Agilus, iro-schottische Missionare aus dem Kloster Luxeuil, gewesen sein. Mit der Legende, dass der hl. Rupert um 700 anstelle eines heidnischen Tempels die noch heute in barocker Umformung bestehende Marienkapelle errichtet haben soll, wurde das Wissen an eine weit ältere Vergangenheit tradiert. Denn wer den Weg hoch zur Kapelle nimmt, kann am oberen Ende der Wiese Reste eines keltischen Ringwalls erkennen, der im Mittelalter erneuert wurde. Somit gehörte das Areal oberhalb des Klosters zum Umfeld der bedeutenden keltischen Siedlung nahe Kehlheim.
Herzog Tassilo III. wird, wie für so viele Klöster, auch von Weltenburg als (Wieder)Gründer in Anspruch genommen, was glaubhaft sein könnte, da es 817 erstmals in der Liste der Reichsklöster erwähnt wurde. Wohl in den Ungarnkriegen zerstört, wurde Weltenburg dem Regensburger Bischof übergeben. Ende des 10. Jh. besiedelte es der hl. Bischof Wolfgang mit Benediktinern aus St. Emmeram.
Das Kloster bewegte sich in seiner von äußeren und inneren Krisen geschüttelten mittelalterlichen und neuzeitlichen Geschichte mehrmals am Rande der Auflösung. Ein Glücksfall war die Wahl Maurus Bächels, Sohn eines Oberpfälzer Schmiedes, zum Abt (1713–1743). Als fähiger Organisator stabilisierte er zunächst die Klosterwirtschaft, bevor er zügig an den Neubau der gesamten Abtei ging. Da er vorher Prior in Ensdorf war, hatte er beim dortigen Neubau die Brüder Asam kennen und schätzen gelernt. So verschaffte er dem jungen Künstlerduo in Weltenburg seinen ersten Großauftrag. Sein Wagemut wurde mit einem der schönsten barocken Kirchenbauten Deutschlands belohnt.
Auch die drei Nachfolger Abt Bächels bis zur Säkularisation 1803 erwiesen sich als fähige und hoch gebildete Vorsteher der kleinen Klostergemeinschaft. So traf die Auflösung auch hier eine gefestigte, hoch stehende Abtei. Dass heute wieder Benediktiner in Weltenburg leben, ist König Ludwig I. von Bayern zu verdanken. 1842 errichtete mit seiner Unterstützung die schon 1830 von ihm wieder neu gegründete Abtei Metten hier ein Priorat. Seit 1913 ist Weltenburg wieder Abtei.

Rundgang durch das Kloster

Kloster Weltenburg schmiegt sich in einer Donauschleife an die Felswand des Arzberges. Trotz dieser beengten, durch Hochwasser gefährdeten Lage ließ Abt Maurus Bächel 1714 mit dem vollständigen Neubau einer großzügigen Barockanlage beginnen. Die schlichten Trakte des Konventbaues nach Plänen des Ingolstadter Franziskaners Fr. Philipp Plank waren im Rohbau schon 1716 fertig gestellt. Im gleichen Jahr legte der Freisinger Fürstbischof den Grundstein zur Klosterkirche. Als Ersatzraum während der Bauarbeiten hatte Abt Bächel 1713 die mittelalterliche Frauenbergkapelle neu errichten lassen. Die dortigen Fresken schuf im folgenden Jahr Cosmas Damian Asam, der hier erstmals in Weltenburg tätig wurde.
Die Klosterkirche ist das erste eigenständige und vielleicht schon bedeutendste Werk der Brüder Asam. Cosmas Damian als Architekt und Maler bzw. Freskant und Egid Quirin als Bildhauer und Stuckateur verarbeiteten hier ihre in Rom gewonne-

Der Donaudurchbruch verleiht Weltenburg eine großartige Landschaftskulisse

nen Eindrücke. So entstand in Weltenburg ein wohl einmaliges Werk römischen Hochbarocks, indem die großen Vorbilder Berninis und Pozzos zu einem genialen Ganzen verschmolzen wurden. Schon die vollständig in Quadern errichtete Fassade zitiert stadtrömische Kirchen Borrominis. Allein die verputzte Ovalkuppel mit ihren zwölf Fenstern, die auf die Tore der Himmelsstadt nach der Offenbarung des Johannes verweisen, deutet an, dass sich hinter der flachen Fassade ein besonderes Raumerlebnis verbirgt.

Das Innere ist trotz oder gerade wegen seiner nicht eben großen Ausmaße eine Pretiose. Da der Eindruck des Kircheninnern ganz wesentlich durch die Lichtführung bestimmt wird, sollte man einen möglichst sonnigen Tag für die Besichtigung wählen. Der längsovale Zentralraum erhält durch die Verwendung von Säulen und Pilastern aus ockerfarbenem echtem Weltenburger Marmor, graumarmorierte Gebälke, reich ausgestattete Altarnischen und den mit vergoldeten Stuckreliefs versehenen Ansatz der Kuppel einen ungewöhnlich prachtvollen Eindruck. Als

Fluss, Landschaft und Kloster bilden in Weltenburg eine einzigartige Symbiose

genialer Kunstgriff versetzte Cosmas Damian Asam das Fresko des auf Weltenburg abgestimmten Heiligenhimmels an die Flachdecke unter dem Dachstuhl, sodass die unsichtbaren zwölf Fenster die Heiligenversammlung in ein überirdisches Licht tauchen. Die reale Architektur der Kirche wird hier scheinbar in die Himmelsstadt hinein fortgesetzt. Putten halten am Eingang in diesen Himmel einen ovalen Kronreif, Symbol für die Krone des Ewigen Lebens. Auf der Südseite hat sich der Künstler zwischen den Putten in illusionistischer Spielerei als Stuckfigur mit Perücke und Rock eines Fürstlich Freisingischen Kammerdieners und Hofmalers dargestellt. Über ihm erscheint im Himmelsfresko Abt Maurus mit den Plänen zur Kirche. Dort findet sich auch die Signatur Asams aus dem Jahr 1721. Unter ihm erscheint einer der vier Evangelisten: Lukas, Patron der Maler.

Der Himmel senkt sich in Form von dicken Stuckwölkchen an den seitlichen Fenstern, den einzigen direkten Lichtquellen der Kirche herab. Über Felsen aus Stuck, in die die Beichtstühle scheinbar eingehauen sind, erscheint über der Kanzel vollplastisch der hl. Ordensvater Benedikt. Er weist den Frommen, die nur gemalt sind, auf der steilen Treppe der Tugenden den Weg. Gegenüber führt Maria das erste Schiff mit Benediktinern in die neue Welt.

Prunkstück der Kirche ist der Hochaltar, der den Kirchenpatron Georg mit seiner entscheidenden Tat, der Rettung der Prinzessin vor dem Drachen, als plastische Gruppe zeigt. Der Aufbau ist als Triumphbogen angelegt, durch dessen Mittelöffnung Georg reitet. Durch die indirekte Beleuchtung, die vom Fresko der Maria Immaculata auszugehen scheint, sowie die Silber- und Goldfassung der Georgsfigur erreichen die Asams hier eine irritierend reale und zugleich überirdische

Wirkung. Vor dem Gelbfenster erscheint über dem Altar als Vorwegnahme von Rohr die Himmelfahrt Mariens. Die rechte Seitenfigur des hl. Maurus trägt als Huldigung an den Bauherrn die Züge von Abt Maurus. Ihm gegenüber der hl. Martin, dessen Gans tapfer gegen den Drachen anzischelt.

Auch der Weg aus der Kirche hält noch einmal einen schönen illusionistischen Effekt bereit: Auf der reich gestalteten Empore mit dem Chorgestühl der Mönche verdeckt die Orgel das große Westfenster, sodass die Psalmen gleichsam aus einer überirdischen Sphäre in die Kirche hinunterklangen. Nachdem der Hochaltar 1723 vollendet war, wurde die übrige Kirchenausstattung zugunsten der Errichtung der Wirtschaftsgebäude zurückgestellt. Daher zogen sich die Arbeiten in der Kirche bis in die 1760er Jahre hin. Da immer wieder die Asams bzw. nach dem Tod von Cosmas Damian auch dessen Sohn Franz Erasmus herangezogen wurden, blieb die Einheitlichkeit des Grundgedankens gesichert.

Mit der Weltenburger Kirche schuf Cosmas Damian Asam den ersten zentralen Ovalraum in Bayern. Dieses Motiv sollten nur wenig später Dominikus Zimmermann, Johann Michael Fischer und Balthasar Neumann zu den großartigsten Raumschöpfungen des europäischen Barocks steigern.

Fast ein »muss« ist die Verbindung eines Weltenburg-Besuchs mit der Fahrt in das nur wenige Kilometer entfernte ehem. Augustinerchorherren-Stift und heutige Benediktinerkloster *Rohr*. Dort verwirklichte Egid Quirin Asam 1722/23 mit dem Hochaltar in der von ihm neu errichteten Kirche den absoluten Höhepunkt barocker Altarbaukunst in Deutschland. Als permanentes Theatrum Sacrum umstehen die überwältigten Apostel den leeren Sarkophag Mariens, die als wunderschöne, graziöse Barockfürstin von Engeln zum Himmel empor getragen wird. Im oberen Bereich,

Barocke Illusionskunst vom Feinsten: Der Weltenburger Hochaltar

In Rohr schuf Egid Quirin Asam den wohl schönsten Hochaltar Bayerns

umstrahlt von einem römischen Gelbfenster, erwartet sie die Dreieinigkeit mit der Krone der Himmelskönigin. Die Darstellung der Himmelfahrt Mariens ist fast als barockes Standardthema süddeutscher und österreichischer Hochaltäre zu bezeichnen. Doch allein Egid Quirin Asam wagte es, die Darstellung nicht in Malerei, sondern plastisch auszuführen. Durch das seitlich einfallende Licht in den tiefen Bühnenraum und die Ausführung der Figuren in weißem Stuck wird eine Zwischenstellung zwischen Realität und himmlischer Vision erreicht. Am heiligen Geschehen nahmen die Augustinerchorherren in ihren weißen Gewändern zu Füßen des Altares im halbrunden Chorgestühl teil. Liturgie und Altar verschmolzen so zu einer überwältigenden Einheit.

Öffnungszeiten:
In Weltenburg und Rohr Kirchen tagsüber geöffnet
Info:
Abtei Weltenburg, Tel.: 09441/2040,
Abtei Braunau in Rohr, Tel.: 08783/96000
www.kloster-weltenburg.de
www.kloster-rohr.de

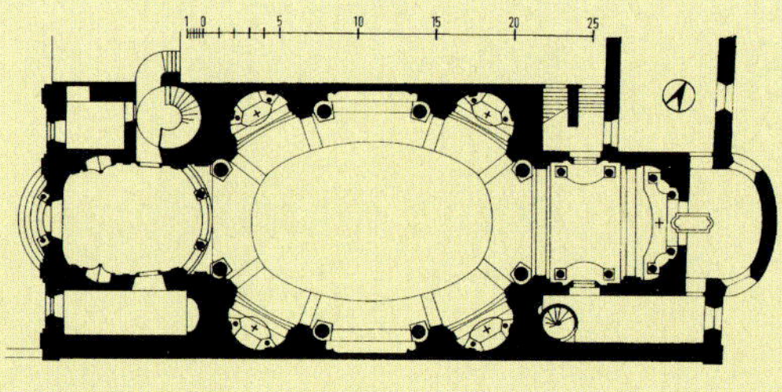

Weltenburg

Insel der Frauen
Benediktinerinnenabtei Frauenchiemsee

Älteste noch bestehende und schönstgelegene Nonnenabtei Deutschlands: zwei Superlative, die jeden Kloster-, Kunst- und Naturfreund auf die kleine Chiemseeinsel locken sollten.

Idyllisch liegt die Klosterinsel vor der verschneiten Alpenkulisse

Aus der Geschichte des Klosters

Die Geschichte des Nonnenklosters auf Frauenchiemsee reicht weit in die bayerische Vergangenheit zurück. Der hauseigenen Tradition nach gehörte es zu den zahlreichen Klostergründungen Tassilos III., des letzten unabhängigen Herzogs von Bayern. An der Gründung war wohl auch seine Gemahlin Liutpirc, Tochter des letzten Langobardenkönigs, maßgeblich beteiligt. Für das Jahr 782 ist die Weihe der Kirche überliefert. Wenige Jahre später besiegte Karl der Große Tassilo, setzte ihn ab, steckte ihn samt Familie in ein Kloster und verleibte Bayern seinem Frankenreich ein. Das Frauenkloster, das nun Reichsabtei war, hielt Tassilo nicht nur als Stifter, sondern auch als Seligen in Ehren.

Als zweite Gründerin des Klosters gilt Irmengard, die zentrale Gestalt in der langen Klostergeschichte. Sie war die Tochter des karolingischen Königs Ludwigs des Deutschen, der sich bevorzugt in Regensburg aufhielt. Ihre Mutter Hemma leitete dort als Laienäbtissin das Damenstift Obermünster. Wie ihren beiden Schwestern übertrug Ludwig auch Irmengard als standesgemäßen Wirkungskreis ein Damenstift, zunächst Buchau, dann Frauenchiemsee. Hier starb sie 866 im Alter von 33 oder 34 Jahren. Ihr kurzes Leben hinterließ im Gedächtnis der Stiftsdamen und der Bewohner rund um den Chiemsee tiefe Spuren. So wurde ihr Grab früh Stätte der Verehrung. Die 1928 vollzogene offizielle Seligsprechung holte nur nach, was gläubige Menschen schon seit Jahrhunderten spürten.

Frauenchiemsee bezeichnete sich bis zur Auflösung immer als »königliches Stift«. Als Zeichen der besonderen Stellung ihres Klosters wurde den Äbtissinnen bei ihrer Amtseinführung nicht nur Stab, Ring und Brustkreuz gereicht, sondern auch eine Krone aufgesetzt. Diese trugen sie auch bei festlichen Anlässen. Ein Parallelbeispiel findet sich nur noch im Kloster Nonnberg in Salzburg. Die Unterscheidung zwischen Kloster und Stift, d. h. zwischen einer streng regeltreuen und einer etwas freieren Lebensweise kann für Frauenchiemsee nicht exakt getroffen werden. Zeichen der stiftischen Vergangenheit blieb zum einen die besondere Stellung der Äbtissin, die z. B. frei reisen konnte, mit den Inhaberinnen der wichtigsten Klosterämter in einem separaten Gebäude wohnte und nach ihrer Wahl ihre Weihe im Salzburger Dom oder in der Abtei St. Peter erhielt. Zum anderen besaßen die Schwestern eine Pfründe, d. h. einen Anteil am Klostervermögen, und ihre Mitgift, die bei den meist adeligen Frauen entsprechend üppig ausfiel. Beides durften sie auf Lebenszeit für ihre privaten Zwecke nutzen. Sie bewohnten einzelne Zimmer und speisten auch dort, da es kein Refektorium gab. Vier Kapläne, die sog. Vierherrn, von denen einer vorrangig für die Äbtissin zuständig war, gewährleisteten die geistliche Versorgung, was an die kleinen Kanonikerkonvente in Damenstiften erinnert. Die Zahl der Nonnen schwankte zwischen 15–20.

Inselkloster

Die Lage eines Klosters auf einer Insel, die uns heute so ungewöhnlich erscheint, war im frühen Mittelalter gar nicht so selten. So besaßen in Bayern die benachbarte Herreninsel, Seeon, Höglwörth sowie der Staffel- und Kochelsee Klöster. Auch die süddeutschen Damenstifte Buchau und Säckingen hatten einst eine Insellage. Die berühmteste Klostergründung dieser Art in Deutschland ist die Reichenau. Die abgesonderte Lage trug zum einen dem Sicherheitsbedürfnis Rechnung, zum anderen wollten die Mönche und Nonnen durch die Ortswahl demonstrativ an das eremitische Ideal der Frühzeit anknüpfen.

1201 endete die Reichsfreiheit Frauenchiemsees und beinahe die Zeit als Frauenkloster. König Philipp schenkte es dem Salzburger Erzbischof Eberhard II. für seine Treue im Kampf gegen die Welfen. Dieser wollte den reichen Besitz der Damen als Grundstock für ein Bistum Chiemsee nutzen, das er gründen wollte. Um beim Papst die Auflösung des Klosters zu erreichen, verleumdete er die Lebensweise der Frauen auf übelste Art. Eine päpstliche Kommission wurde aber nicht fündig. Die Damen leisteten zähen Widerstand, sodass 1216 das Augustiner-Chorherrenstift auf der Nachbarinsel Herrenchiemsee Bischofssitz wurde.
Mitte des 16. Jh. sank die Zahl der Nonnen auf fünf. Nun griff Herzog Albrecht V. von Bayern in die Geschicke des Klosters ein, dessen relativ freies Leben dem frömmelnden Herrn missfiel. 1569 sandte er die Niederschönfelder Zisterzienserin Margaretha Leitgeb (1569–1575) mit zwei weiteren Nonnen zur Reform des klösterlichen Lebens auf die Fraueninsel. Mit ihrer Überstrenge stieß sie zwar auf allgemeine Ablehnung im Konvent, musste aber auf herzoglichen Druck akzeptiert werden. Unter der Äbtissin Sabina Preyndorfer (1582–1609) vollzog sich weiter die Umwandlung in eine Benediktinerinnenabtei mit strenger Klausur. Das innere Leben wurde nun viel

Noch heute erfüllt der Psalmengesang der Klosterfrauen den Kirchenraum

Die Torhalle führt in die Zeit der bedeutendsten Äbtissin Irmengard, Tochter König Ludwigs des Deutschen

Neben der romanischen Klosterkirche erhebt sich der frei stehende Glockenturm mit seiner frühen Zwiebelhaube

stärker reglementiert, Privatbesitz war verboten. Laienschwestern ersetzten das weltliche Dienstpersonal. Äbtissin Maria Magdalena Haidenbucher (1609–1650) wurde durch ständige, äußerst penible Salzburger Visitationen gezwungen, jeden Rest eines gewissen Freiraums abzuschaffen. Mönche der Benediktinerabtei Seeon waren nun die Seelsorger.

1803 erfolgte die Auflösung im Zuge der Säkularisation. Den 17 Chorfrauen und 13 Laienschwestern bewilligte der bayerische Staat im Zuge der Enteignung eine schmale Pension und das Recht, im Kloster beisammenzubleiben, da sich kein Käufer für die Gebäude fand. Rund ein Drittel trat aus, einige davon kehrten aber wieder zurück. 1836 erhielten die noch lebenden fünf Schwestern von König Ludwig I. die Erlaubnis, ihr Klosterleben wieder zu beginnen und Novizinnen aufzunehmen. Bedingung war allerdings die Einrichtung einer Schule. Zunächst Priorat, gelang 1901 die Erhebung zur Abtei. Da die Schulen mittlerweile aufgegeben werden mussten, öffnet sich das Kloster nun durch Seminararbeit.

Rundgang durch das Kloster

Wahrzeichen des Klosters ist der frei stehende, achteckige Glockenturm, der wohl im 11. Jh. entstand. Sein dickes Mauerwerk deutet darauf hin, dass er, ähnlich dem Bergfried einer Burg, den Nonnen der unbefestigten Insel in Kriegszeiten als letzte Rettungsmöglichkeit dienen sollte. Das obere Mauerwerk entstammt der Gotik, während die Zwiebelhaube erst nach dem Brand 1572 aufgesetzt wurde. Sie gehört neben den Turmbekrönungen von Seeon und der Münchner Frauenkirche zu den ältesten erhaltenen dieser für Bayern so charakteristischen Form.

Leicht übersieht man das bedeutendste Bauwerk der Insel, die Torhalle. Sie dürfte nach der Mitte des 9. Jh. unter Äbtissin Irmengard entstanden sein. Schon allein durch die Tatsache, dass nur noch in Kloster Lorsch ein ähnliches, wenn auch aufwendigeres Bauwerk erhalten ist, verdeutlicht ihre Besonderheit. Sowohl die offene Halle als auch das Obergeschoss waren immer liturgische Räume. Das Michaelspatrozinium des oberen Altares steht ganz in der Tradition karolingischer Michaelsheiligtümer in den Westbauten bedeutender Kirchen. Auch in Frauenchiemsee sollte der Engelsfürst als himmlischer Wächter das Klostertor bewachen. Bei der Restaurierung 1961/64 entdeckte man hier Vorzeichnungen großer Engelsfiguren und weitere Freskenreste, deren Datierung zwischen dem 9. und 11. Jh. schwankt. Zwischen Vorhalle und Kirche lagen in karolingischer Zeit die Klostergebäude, die wohl mit dem Neubau der heutigen Kirche im 11. Jh. auf die Südseite verlegt wurden. Allerdings hat sich aus dem Mittelalter nichts erhalten, da 1726–1730 ein kompletter Neubau errichtet wurde.

Die vollständig erhaltene salische Abteikirche ist eine dreischiffige Basilika mit kurzem Langhaus, dessen Seitenschiffe in den Umgang des Rechteckchores übergehen. Ursprünglich besaß der Chorumgang hinter dem Hochaltar ein Obergeschoss, in dem sich der Nonnenchor befand. Erst beim spätgotischen Umbau der Kirche (1468–1476), dessen schwungvoll aufsteigendes Netzrippengewölbe heute den Raumeindruck bestimmt, ließ Äbtissin Magdalena Auer von Winkel im Westen den jetzigen Schwesternchor errichten. Die schöne Farbfassung der Gewölbe stammt erst aus dem frühen 17. Jh. Vom reichen Freskenschmuck der romanischen Zeit sind für den Besucher eindrucksvolle Reste in den Bögen des Chores zu sehen. Größere und qualitätvollere Flächen der Ausmalung haben sich über den spätgotischen Gewölben in wunderbarer Farbenfrische erhalten. Wohl Mitte des 12. Jh. schuf sie ein Salzburger Maler.

Von den elf mittelalterlichen Altären der Kirche sind nur noch die steinernen Unterbauten vorhanden. Sie tragen solide Barockaufsätze. Ungewöhnlich ist die Fülle von fast einhundert Grabmälern, viele davon aus rotem Marmor. Sie erinnern an Äbtissinnen und Wohltäter der Abtei. Vor dem ersten Pfeiler der Nonnenempore steht die barocke Umfassung des Grabes der sel. Irmengard, das erst einige Jahre nach der Erhebung ihrer Gebeine 1631 hierher gelangte. Seit der Seligsprechung ruhen die Reliquien in der nach ihr benannten Kapelle im Osten.

Beim Neubau der kurzen Vorhalle im späten 15. Jh. anstelle eines längeren romanischen Vorgängers setzte man das Hauptportal aus Werkstücken des 11. und 12. Jh. neu zusammen. Die mit Eisenblech beschlagenen Portalflügel ziert ein Türzieher in Form eines Löwenkopfes, der noch aus spätkarolingischer Zeit stammen könnte. Schlichtes, aber umso eindrucksvolleres Zeugnis jahrhundertelangen Glaubenslebens ist die abgetretene Türschwelle.

Öffnungszeiten:

Kirche und Torhalle tagsüber geöffnet

Info:

Abtei Frauenwörth, Tel.: 08054/9070

www.frauenwoerth.de

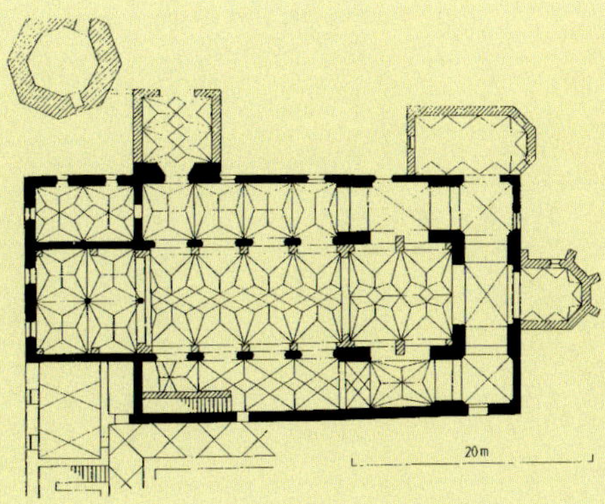

Mittelalterliche Frauenpower
Benediktinerinnenabtei Eichstätt

Eichstätt kann als Musterbeispiel einer barock geprägten geistlichen Residenzstadt gelten, deren Reize durch die Lage im schönen Altmühltal noch gesteigert werden. Neben dem Dom beansprucht die Kirche der Benediktinerinnenabtei St. Walburg den höchsten Rang. Seit fast tausend Jahren hüten Nonnen die Gruft dieser berühmten Heiligen.

Vom Klosterhof aus führen zwei Zugänge in die Walburga-Gruft, das Herz der Klosteranlage

Aus der Geschichte des Klosters

Walburga gehört zu den bekanntesten deutschen Heiligen. Um 710 wurde sie in Wessex als Tochter des angelsächsischen Fürstenpaares Richard und Wuna geboren, die von der späteren Legende zu Königen erhoben und ebenfalls als Heilige bzw. Selige verehrt wurden. Als Missionarin kam die Benediktinernonne Walburga mit einigen Gefährtinnen um die Mitte des 8. Jh. nach Deutschland, gerufen von ihrem Verwandten, dem hl. Bonifatius. Ihre beiden Brüder wirkten ebenfalls in Deutschland: Wunibald als Abt des Klosters Heidenheim am Hahnenkamm und Willibald als Bischof von Eichstätt. Nach dem Tod Wunibalds übernahm Walburga die Leitung des nach angelsächsischem Vorbild als Doppelkloster errichteten Heidenheim. Hier starb sie 779 und wurde wie ihre Brüder als Heilige verehrt.
Rund einhundert Jahre nach ihrem Tod ließ Bischof Otgar ihre Gebeine erheben und zur angemesseneren Verehrung nach Eichstätt bringen. Doch nicht bei ihrem Bruder im Dom, sondern in der Heilig-Kreuz-Kirche wurden sie beigesetzt. Vermutlich betreuten damals Stiftsdamen das Grab. Schon 893 wurden Teile der Reliquien entnommen und in das Benediktinerinnenkloster Monheim gebracht, das sich rasch zum Wallfahrtsziel entwickelte. Walburgas Verehrung in Eichstätt scheint in größerem Ausmaß erst eingesetzt zu haben, nachdem Graf Leodegar von Lechsgemünd-Graisbach nach einem Gelübde in schwerer Krankheit 1035 die Kirche erneuerte und einen Benediktinerinnenkonvent ansiedelte. Erste Äbtissin wurde seine Nichte Imma, die mit einigen Schwestern vom Kloster St. Erentrudis (Nonnberg) in Salzburg kam. Die Weihe der Kirche 1042 bedeutete den Abschluss der Gründungsphase. Für die Pilger war der alljährliche sog. Ölfluss von größter Bedeutung. Zwischen dem 12. Oktober, an dem die Gebeine in den Hochaltar übertragen wurden, und dem Todestag der Heiligen am 25. Februar bildet sich Kondenswasser an der Unterseite des steinernen Sarkophages. Mit Weihwasser vermischt wird es Gläubigen bis heute von den Nonnen in kleinen Fläschchen gereicht, die früher teilweise recht kostbar gestaltet waren. Diesem sog. Walburga-Öl werden viele wundersame Heilungen zugeschrieben.
Bischof Johann III. von Eych (1445–1464) konnte 1456 das Kloster reformieren und Missstände wie persönlichen Besitz und Vernachlässigung der Klausur und der Gebetszeiten abschaffen. Seine große Verehrung der hl. Walburga zeigt sich in der spätgotischen Erneuerung ihrer Gruft und der Anlage einer Kapelle an der Kirche, in der er sich bestatten ließ. Seine Grabplatte aus Rotmarmor ist noch erhalten, da er als zweiter Gründer von den Schwestern verehrt wird. Er stiftete als besonderen Kirchenschmuck einen Wandteppich mit der Legende der hl. Walburga. Das kostbare Werk entstand in einer Nürnberger Werkstatt und wird zusammen mit einem ähnlichen Teppich von 1519 und einem textilen Stammbaum der Heiligen im Diözesanmuseum Eichstätt aufbewahrt.
Die Kirche des 11. Jh. blieb bis ins frühe 17. Jh. erhalten. Doch dann wurde sie als unwürdig empfunden und ein völliger Neubau geplant. Nur die mittelalterliche Walburga-Gruft sollte als geheiligte Stätte bleiben. Mitten im Dreißigjährigen Krieg begannen 1629 die Bauarbeiten. Der Rat der Stadt setzte die Handwerker unter Druck, damit die Kirche in diesen schwierigen Zeiten rasch vollendet werden konnte. Baumeister war der in Eichstätt ansässige Martin Barbieri, der aus Roveredo in Graubünden stammte. Schon 1631 konnte sie geweiht werden. Drei Jahre später brach mit der Einnahme durch die Schweden die Katastrophe über Eichstätt her-

Ludwig I. als Klostergründer

Nach dem Kahlschlag der Säkularisation kam es allein in Bayern in der ersten Hälfte des 19. Jh. zur Wiederbesiedlung aufgelöster Klöster. Schon im 1817 zwischen König Max I. Joseph und dem Heiligen Stuhl abgeschlossenen Konkordat war unter anderem dem König das Recht vorbehalten worden, einzelne Klöster wiederherzustellen. Doch erst sein Sohn König Ludwig I. (reg. 1825–1848) wurde hier tätig. Die kirchliche Hierarchie hielt sich auffallend zurück. Ludwigs überragende kulturelle Verdienste richteten sich nicht allein auf die Landeshauptstadt München. Ganz im Sinne der Romantik begeisterte er sich auch für die reiche Vergangenheit des Landes, deren elementarer Bestandteil die Klöster waren. In vielen ehemaligen Klöstern lebten noch letzte Mitglieder der ehemaligen Konvente in bescheidensten Verhältnissen. Doch nicht allein von ihnen ging die Initiative zur Wiedergründung aus. Auch die Gemeinden und einzelne Gönner wurden beim König immer wieder vorstellig. Auflage war stets die Verpflichtung zur Erziehung, was gerade für die vorher rein kontemplativen Orden eine enorme Umstellung bedeutete. Wirtschaftlich gesehen musste aufgrund der Säkularisation bei Null angefangen werden. Wo aber allzu großer Mangel herrschte, spendierte der König aus seinem Privatvermögen die nötige Anschubfinanzierung.

ein. Die Schweden plünderten das Kloster und brannten die Klostergebäude nieder. Zwar konnten 1661 die Konventgebäude wieder errichtet und anschließend die Kirchenausstattung ersetzt werden. Doch erst Äbtissin Adelgundis I. Pettenkofer (1730–1756) brachte den Wiederaufbau durch Ausschmücken von Kirche und Gruft und Errichtung von Loggia und Turmabschluss sowie einigen Nebengebäuden um den Klosterhof zum Abschluss. Von der Säkularisation des Hochstiftes Eichstätt durch Bayern 1806 war auch die Abtei St. Walburg betroffen. Den ehemaligen Nonnen wurde freigestellt, in den Gebäuden wohnen zu bleiben. Daher erlebten noch einige Frauen die Wiedereinrichtung 1835 durch König Ludwig I. Bedingung war allerdings die Eröffnung einer Mädchenschule. Seit 1914 ist St. Walburg wieder Abtei.

Rundgang durch das Kloster

Auf einer Hangterrasse des Altmühltales erhebt sich im Westen der Stadt der burgartige Konventbau, an den sich die Kirche anschließt. Blickfang ist der Turm mit seiner ungewöhnlichen Zwiebelhaube und der vergoldeten Walburga-Figur. Die Loggia vor dem Kirchenportal bietet einen schönen Blick hinüber zur Willibaldsburg der Eichstätter Bischöfe. Das Innere der Kirche zeigt sich als lichtvoller Wandpfeilersaal. Der weiße Rankenstuck eines Wessobrunner Meisters entstand 1706. Er lässt nur kleine, medaillonartige Bildfelder frei, die Walburgas heiliger Verwandtschaft gewidmet sind. Nach Westen hin bestimmt die vorbuchtende, verglaste Nonnenempore mit der darüber liegenden Orgel den Raum. Von hier aus war es den Nonnen möglich, über die mit vergoldeten Akanthusgittern versehenen Seitenemporen ungesehen bis zur Walburgisgruft zu gelangen. Die Malereien an den Emporen schildern Wunder, die nach Anrufung der hl. Walburga geschehen sind und verdeutlichen, dass man sich auch in einer Wallfahrtskirche befindet.
Von großartiger Wirkung ist der monumentale Hochaltar mit seinem riesigen Gemälde. Es zeigt in einem dramatischen Wolkenhimmel die Verherrlichung der hl. Walburga, die in Anbetung des Lammes von Engeln zu Gott geführt wird. Zu Füßen der Heiligen ist ihr Grab mit dem Ölfluss zu sehen. Engel gießen das Öl über

Heilung suchende Menschen. Rechts von Walburga kniet der Stifter des 1664 entstandenen Bildes, Fürstbischof Marquard II. Schenk von Castell. Mit Joachim von Sandrat, einem deutschen Vasari, beauftragte der Fürstbischof einen der gesuchtesten Maler seiner Zeit. Auch die Gemälde der Seitenaltäre schufen hochrangige Meister, worin sich der sichere Geschmack der auftraggebenden Äbtissinnen zeigt. Der Hochaltar teilt den rechteckigen Chor genau in der Mitte. Zwei Türen führen am Altar vorbei in den oberen Raum der zweigeschossigen Walburga-Gruft. Beide Räume sind auch vom Klosterhof zugänglich. Eine Öffnung im Gewölbe ermöglicht den Blick von oben zum Grab der Heiligen, das sich seit 1042 unter dem Hochaltar befindet. Der steinerne, altarähnliche Aufbau in spätgotischen Formen umgibt den Grabschacht. Hinter dem Relief mit der von Engeln bewachten toten Walburga befindet sich ihr Sarkophag. Die Metalltür darunter führt in den kostbar ausgekleideten Schacht, wo das Öl gesammelt wird. Im gotischen Tabernakel befand sich ehemals die romanische Holzbüste der Heiligen, die heute im Kloster aufbewahrt wird. Herrliche Arbeiten sind die fünf um 1500 entstandenen Holzfiguren Walburgas und ihrer heiligen Familie, die wohl einst im Schrein des spätgotischen Hochaltares standen. Die Wände des oberen Raumes sind mit zahllosen barocken Votivbildern und -gaben verkleidet, die von wundersamen Gebetserhörungen künden. Die Walburga-Gruft gehört zu den eindrucksvollsten deutschen Heiligengräbern.

Raumbestimmend ist der barocke Hochaltar mit seinem riesigen Gemälde der Verherrlichung Walburgas

Die Wände der oberen Gruft sind fast vollständig mit Votivbildern und -gaben bedeckt

Öffnungszeiten:

Kirche und Walburga-Gruft tagsüber geöffnet

Info:

Abtei St. Walburg, Tel.: 08421/98870

www.bistum-eichstaett.de/abtei-st-walburg

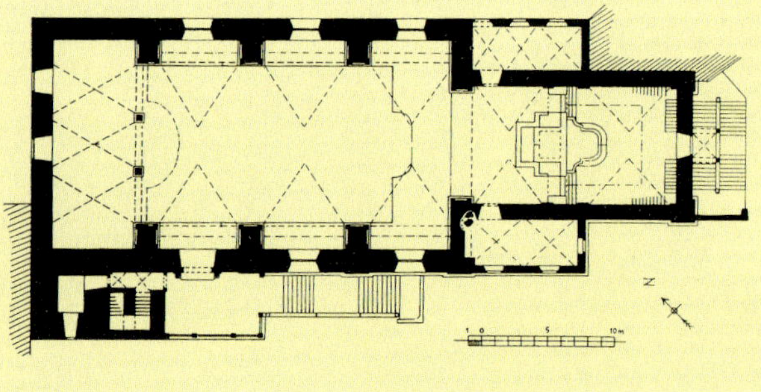

Mönchsdom im Steigerwald
Zisterzienserabtei Ebrach

Ebrach dokumentiert seinen Rang als bedeutendstes fränkisches Kloster noch heute durch eine kraftvolle spätromanische Kirche, die in ihren Ausmaßen nur wenig hinter dem vorbildhaften Bamberger Dom zurücksteht. Die gewaltige Barockanlage der Klostergebäude steht für den vergeblichen Anspruch, die Reichsfreiheit zu erlangen.

Die Zisterzienser bevorzugten wasserreiche Täler für ihre Klostergründungen

Aus der Geschichte des Klosters

Ebrach ist die älteste rechtsrheinische und dritte deutsche Gründung des noch jungen Zisterzienserordens. Nach achtjähriger Vorbereitungszeit kam 1127 der Gründungskonvent aus einer der Hauptabteien der Zisterzienser, Morimond bei Langres. Gründer waren Berno und Richwin, die als Ministeriale allerdings nur einen bescheidenen materiellen Grundstock zur Verfügung stellen konnten. Der enorme wirtschaftliche Aufstieg Ebrachs erklärt sich nicht allein durch die Förderung der Würzburger Bischöfe, denen Ebrach unterstand, sondern vor allem durch die kräftige Unterstützung der Staufer und ihres Umfeldes. Ausdruck der besonderen königlichen Gunst sind die Grabstätten zweier Wohltäter: 1146 wurde die Gemahlin des ersten Stauferkönigs

Die frühklassizistische Raumauskleidung umspielt auch die gotische Fensterrose

Zisterzienser

Gerade im späten 11. Jh. entstanden zahlreiche Erneuerungsbewegungen mönchischen Lebens, die von Verweltlichung und Pracht der von Cluny beeinflussten Abteien abgestoßen wurden. Robert, der Gründer der Zisterzienser, war einer dieser Suchenden seiner Zeit. Inspiriert vom Eremitenideal war er schon in fünf Klöster ein- und wieder ausgetreten, bevor er 1075 mit Gleichgesinnten das Kloster Molesme gründete. Doch auch hier konnte Robert seine Vorstellungen nicht verwirklichen, sodass er 1098 mit einigen Mitbrüdern nach Cîteaux (deutsch: Zisterz, daher Zisterzienser) in die Einöde zog. Auch wenn er im folgenden Jahr schon wieder nach Molesme zurückkehren musste, hatte Robert den entscheidenden Anstoß gegeben.

Die Zisterzienser waren von ihrem Selbstverständnis her ein Reformorden, der sich die wortgetreue Umsetzung der Benediktsregel vorgenommen hatte. Roberts Nachfolger gaben dem Kloster eine Verfassung und kümmerten sich um die päpstliche Bestätigung, damit das ursprüngliche Ideal auch weiterhin umgesetzt werden konnte. Zum führenden Orden machte die Zisterzienser erst der hl. Bernhard von Clairvaux (1090/91–1153), der 1112 zusammen mit dreißig seiner Verwandten und Freunde eintrat. Durch seine rastlosen Predigtreisen und sein überwältigendes Charisma entstanden zu seinen Lebzeiten 168 Abteien in ganz Europa. Deren Zahl stieg bis Ende des 13. Jh. auf über 300 Männerklöster an, übertroffen noch von den Nonnengemeinschaften. Den Zusammenhalt des Ordens sicherte das jährliche Generalkapitel im September, zu dem alle Zisterzienseräbte aus ganz Europa nach Cîteaux reisen mussten. Die dort gefassten Beschlüsse waren für alle bindend. Verstöße einzelner Klöster gegen die Regel wurden penibel angeprangert und abgestellt. Ein zweites Instrument zur Sicherung einer in jedem Kloster des Ordens gleichen Lebensform war die Filiation. Dies bedeutet, dass der Abt eines Klosters, das einen Gründungskonvent ausgesandt hatte, über seine Tochter Aufsichtsrechte hatte. So erschien er jährlich zur Visitation und bei der Wahl eines neuen Abtes.

Konrad III., Gertrud von Sulzbach, ihrem Wunsch gemäß in der Klosterkirche begraben. 1167 folgte ihr Sohn Herzog Friedrich von Rothenburg. Bis ins späte 16. Jh. hinein ließen die Würzburger Bischöfe als Zeichen besonderer Verbundenheit ihre Herzen in Ebrach bestatten.

Deutlichstes Zeichen für die überragende Entwicklung des jungen Klosters ist die verhältnismäßig große Zahl an Tochtergründungen, die eine hohe Anzahl von Mönchen in der Mutterabtei voraussetzt. Schon 1129 konnte der Gründungskonvent nach Rein in der Steiermark, 1133 nach Heilsbronn und Langheim, 1145 nach Nepomuk in Böhmen, 1146 nach Aldersbach und 1158 nach Bildhausen gesandt werden. 1185 konnte auch Wilhering bei Linz der fränkischen Abtei unterstellt werden, nachdem es von hier neu besiedelt worden war. Darüber hinaus war Ebrach für einige fränkische Nonnenklöster des Ordens verantwortlich.

Allein in den letzten drei Jahrzehnten des 13. Jh. konnte die Abtei durch Schenkungen, Ankäufe und Tausch ihren Besitz fast verdoppeln! Noch im frühen 14. Jh., als in anderen Abteien schon längst Mangel an Mönchen und vor allem Laienbrüdern herrschte, bestand die Ebracher Gemeinschaft aus 102 Mönchen und 72 Konversen. Dank Letzterer konnte die Abtei länger als andere Zisterzienserklöster ihre steuerfreie und damit äußerst lukrative Eigenbewirtschaftung der wichtigsten Höfe betreiben. Generell kann man sagen, dass Ebrach von den gravierenden Verfallserscheinungen, die im 14. Jh. fast alle deutschen Klöster betrafen und viele an den Rand ihrer Existenz brachten, verschont blieb.

In den Kriegen des 16. und 17. Jh. erlitt Ebrach vor allem große materielle Schäden an seinen Besitzungen. Doch gelang den tatkräftigen Äbten Petrus Scherenberger (1646–1658) und Albert Degen (1658–1686) ein mehr als beachtlicher wirtschaftli-

Die 1207 geweihte Michaelskapelle hat noch unverändert ihr mittelalterliches Erscheinungsbild bewahrt

Kräftige Strebepfeiler und Quaderwände bestimmen den Außenbau der Abteikirche

cher Aufstieg. Auf dieser Grundlage konnten die beiden Äbte Ludovicus Ludwig (1686–1696) und Wilhelm Sölner (1714–1741) die großartigen Barockbauten der Abtei errichten. Die organisatorische Leistung von Abt Wilhelm Sölner erscheint noch beachtlicher, wenn man sich vor Augen führt, dass er nicht nur in Ebrach, sondern gleichzeitig auch bei den schlossartigen Amtshöfen in Burgwindheim, Sulzheim, Oberschwappach und Mainstockheim als Bauherr tätig war. Seit dem Spätmittelalter führte Ebrach einen Kampf um die Reichsfreiheit gegen den Würzburger Bischof, da die rechtliche und wirtschaftliche Unabhängigkeit viele Vorteile gebracht hätte. Im Gegenzug versuchten die Bischöfe im Laufe des 16. Jh. zwar, Ebrach durch Verträge endgültig an sich zu binden, doch leisteten die Äbte bis zur Aufhebung der Abtei 1803 zähen Widerstand.
Besonders im 18. Jh. nahm das geistige und musikalische Leben im Kloster einen bedeutenden Aufschwung, sodass die Säkularisation eine geistig und wirtschaftlich blühende Gemeinschaft auflöste. 51 Mönche und zehn Laienbrüder mussten die Gebäude verlassen. Während die Abteikirche für den Pfarrgottesdienst gerettet werden konnte, dienen die inzwischen stark umgebauten und erweiterten Klostergebäude seit 1851 als Gefängnis. Eine Neugründung als Zisterzienserabtei in den 40er Jahren des 19. Jh. scheiterte trotz Unterstützung König Ludwigs I. von Bayern.

Rundgang durch das Kloster

Von großartiger Wirkung ist die vollständig in Sandsteinquadern errichtete, 88 m lange spätromanische Abteikirche. Anhand der Weihedaten der Chorkapellen ist der langsame Baufortschritt nach der Grundsteinlegung im Sommer des Jahres 1200 gut dokumentiert. Mit der Übertragung der beiden Staufergräber 1269 in den neuen Chor war wohl der Bereich der Mönche, der auch den östlichen Bereich des Langhauses umfasste, vollendet. Besonders in der Gestaltung der Ostteile zeigt sich die Ordenszugehörigkeit Ebrachs. Der Rechteckchor wird von einem Umgang umfasst, der sich in niedrigere Kapellen öffnet. Diese reiche Gestaltung lehnt sich zum einen an das Mutterkloster Morimond an, dessen zerstörte Kirche ursprünglich wohl die gleiche Grundform zeigte, zum anderen an dem wenige Jahre vor dem Ebracher Baubeginn geweihten neuen Chor der Hauptabtei Cîteaux. Ebenfalls auf eine der wichtigsten Abteien, Clairvaux, verweist die kreuzförmige Michaelskapelle am nördlichen Querhaus, die an beiden Kirchen für Stiftergräber vor-

Das frühklassizistische Chorgestühl von Materno Bossi gehört zu den großartigsten Schöpfungen seiner Zeit

gesehen war. Die Bauformen der Ostteile mit ihren Rundfenstern mit Plattenmaßwerk, den hohen Strebepfeilern und schlanken Fenstern gehen in ihrer kraftvollen Mischung aus spätromanischer Mauermasse und frühgotischer Gliederung wohl auf die gleichzeitig errichteten Bauteile des Bamberger Domes zurück.

Trotz der langen Bauzeit hielt man auch beim Langhaus an der einmal gefundenen Form fest, um die Einheitlichkeit, ein Schlüsselbegriff für die Zisterzienser, zu wahren. Erst an der Westfassade, die kurz vor der Weihe 1285 entstand, konnte davon abgewichen werden. Als großartiges Motiv wurde in Anlehnung an Vorbilder der französischen Kathedralgotik ein prachtvolles Rosenfenster mit fast 8 m Durchmesser eingefügt, ein Prunkstück mittelalterlicher Bautechnik. Aufgrund der starken Verwitterung wurde Ende des 19. Jh. das Maßwerk originalgetreu kopiert. Das Original kann im Bayerischen Nationalmuseum besichtigt werden. Ursprünglich waren auch die heute vermauerten Zwickel verglast, ein statisch gewagtes Experiment, da sich über der Westwand einst noch ein maßwerkgeschmückter Giebel erhob. Im Innern ist dieses Fenster noch mit einem frei gearbeiteten Maßwerkkranz geschmückt. Da sich eine recht genaue Nachbildung des Ebracher Rosenfensters an der elsässischen Stiftskirche in Rufach findet, vermutet man einen Entwurf aus der erfindungsreichen Straßburger Münsterbauhütte. Das verglaste Tympanon des Westportals geht letztendlich auf das Vorbild der Kathedrale von Reims zurück.

Das strenge Innere der Kirche verwandelte 1778–1787 der Würzburger Hofstuckateur Materno Bossi auf geniale Weise in einen frühklassizistischen Prunksaal mit edlem weiß-gelbem Farbakkord. Der mittelalterliche Raum scheint durch diese Raumhülle nur noch hindurch. Eine Vorstellung vom ursprünglichen Erscheinungsbild vermittelt allein die Michaelskapelle, die seit ihrer Weihe 1207 nicht mehr verändert wurde. Hier zeigt sich noch der spannungsvolle Kontrast zwischen der dicken romanischen Wand und der plastischen Wölbung mit ihrem Reichtum an Diensten. Die Mauern sind durch tiefe Arkaden ausgehöhlt.

Nach dem Vorbild mainfränkischer Schlossbauten entstand der repräsentative Ehrenhof

Von der mittelalterlichen Ausstattung der Kirche hat sich nichts erhalten. In ihrer heutigen Form entstanden Altäre und Chorgestühl in der ersten Hälfte des 18. Jh. Der Hochaltar, der bis ins Gewölbe reicht und noch deutlich dem süddeutschen Rokoko verhaftet ist, schuf Bossi zu Beginn seiner klassizistischen Raumauskleidung. Fast ein Jahrhundert älter, aber von ähnlich grandioser Wirkung ist die 1696/97 von Johann Baptist Brenno gestaltete Stuckumrahmung des Sakristeiportals im südlichen Querhaus. Nach dem Vorbild römischen Hochbarocks ist hier das Pfingstwunder wandfüllend dargestellt.
Hart stoßen an der Westfassade der Kirche Gotik und Barock aufeinander. Unmittelbar nach seiner Amtsübernahme ließ Abt Ludovicus Ludwig (1686–1696) Pläne für einen monumentalen Neubau der Klostergebäude ausarbeiten. Hierzu berief er mit sicherem Gespür für dessen überragende Fähigkeiten den noch unbekannten Architekten Johann Leonhard Dientzenhofer (1660–1707). In Ebrach schuf er sein erstes Hauptwerk und entwickelte sich zum führenden Baumeister des beginnenden mainfränkischen Barock. Die Ebracher Baumaßnahmen stehen am Beginn einer ganzen Welle von umfassenden Klosterneubauten, was ihnen zusätzliche Bedeutung verleiht.
Dientzenhofer plante seitlich der Kirche einen Kreuzgang, dem sich nach Westen ein riesiges Gebäuderechteck mit vier Innenhöfen anschließen sollte. Von diesem gewaltigen Bauvolumen konnte bis kurz nach 1700 nur die östliche Hälfte weitgehend verwirklicht werden. Erst Abt Wilhelm Sölner (1714–1741) begann sofort nach seinem Amtsantritt mit dem Weiterbau, wobei er die Pläne entscheidend abändern ließ. Er übertrug die Leitung dem Würzburger Baumeisters Joseph Greising (1664–1721) und zog prominente Architekten wie Balthasar Neumann und Maximilian von Welsch zur Begutachtung heran. Abt Sölner steigerte den Anspruch des Bauvorhabens im Sinne der beanspruchten Reichsfreiheit entscheidend. Vorbildhaft waren Neumanns Würzburger Residenz und Schloss Pommersfelden, das Johann Dientzenhofer für Lothar Franz von Schönborn errichtete. Der Ebracher Nordflügel erhielt nun ein repräsentatives Treppenhaus und abschließende Pavillonbauten, während nach Westen ein weiter, arkadengesäumter Ehrenhof vor dem zentralen Festsaal der Abtei entstand. Die ganze Anlage wurde schließlich mit verschiedenen Barockgärten gerahmt. Damit wandelte sich Ebrach bis zur Mitte des 18. Jh. vom mittelalterlichen Kloster zur prachtvollen geistlichen Residenz.

Öffnungszeiten:
Kirche 15. April–31. Okt. 10.00–12.00 und 14.00–18.00 Uhr, Winter geschlossen
Klostergebäude: Treppenhaus und Kaisersaal nur mit Führung April–Okt. 10.30 und 14.30 Uhr (Pforte JVA)
Info:
Verkehrsamt Ebrach, Tel.: 09553/92200,
Kath. Pfarramt, Tel.: 09553/266
www.ebrach.de
www.mein-steigerwald.de/orte/ebrach

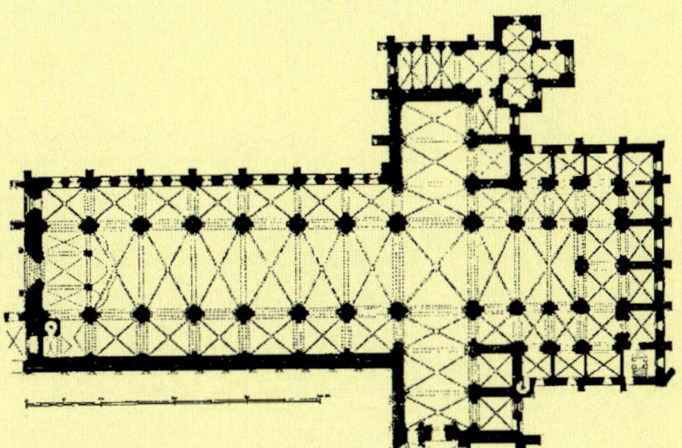

Altfränkisches Adelsmausoleum
Zisterzienserabtei Heilsbronn

In Heilsbronn beeindruckt nicht nur die Größe des romanischen Münsters, sondern auch Reichtum und Qualität der erhaltenen Ausstattung. Von großer Bedeutung sind die prunkvollen Grabmäler der Hohenzollern. Refektorium und Neue Abtei, zwei hervorragende Bauten der Früh- bzw. Spätgotik, sind wohl erhaltene Reste der mittelalterlichen Klosteranlage.

Der spätgotische Hochaltar zeigt die Qualität Nürnberger Werkstätten

Aus der Geschichte des Klosters

Heilsbronn ist eine der zahlreichen Klostergründungen Bischof Ottos I. von Bamberg (1102–1139), der hier die Einflusssphäre seines Bistums festigen wollte. Obwohl die Stiftung 1132 erfolgte, traf der Gründungskonvent aus Kloster Ebrach erst 1141 ein. Mitte des 12. Jh. lösten die Grafen von Abenberg, die zugleich Vögte des Hochstifts Bamberg waren, ein kurz zuvor gegründetes Hauskloster zugunsten von Heilsbronn auf, dessen Schutz sie übernahmen. Weitere reiche Zuwendungen sicherten rasch den steilen wirtschaftlichen Aufstieg der Zisterze. Typisch zisterziensisch ist die Lage im wasserreichen Tal der Schwabachquellen. Nach der Gründung formte des Kloster den alten Ortsnamen Haholdesbrunnen in das passendere Heilsbronn um.
Nachdem die Abenberger Ende des 12. Jh. ausgestorben waren, zog der Kaiser die klösterliche Schutzherrschaft an sich, die er für seine Bemühungen um den Ausbau des Reichslandes rund um Nürnberg nutzte. Nach dem Niedergang der Staufer übernahmen die Hohenzollern als Burggrafen von Nürnberg diese Funktion und machten Heilsbronn zu ihrem Hauskloster. Dadurch wurde die Abtei immer stärker in die sich ausbreitende Landesherrschaft der Hohenzollern einbezogen. Heilsbronn entwickelte sich nun zu einem Stiftungsmittelpunkt des umliegenden Hochadels, der sich hier bevorzugt bestatten ließ.
Innerhalb des reichen klösterlichen Besitzes war der Weinbau, der vor allem in Randersacker betrieben wurde, ein bedeutender Faktor. Neben anderen Erzeugnissen der Überschussproduktion war Wein das ertragreichste Handelsgut. Noch vor Nürnberg ist für Heilsbronn spätestens zu Beginn des 15. Jh. eine umfangreiche Lebkuchenherstellung gesichert, die ebenfalls bedeutende Einkünfte brachte. Eine ausgedehnte Schafzucht lieferte nicht nur Wolle, sondern versorgte auch seit dem 15. Jh. eine lukrative klostereigene Weberei. Den großen und weit gestreuten Besitz teilten die Zisterzienser im frühen 14. Jh. in sechs Untereinheiten, sog. Propsteien ein. Gerne nutzten die Landes- und Schutzherren den Wohlstand für ihre eigenen Zwecke, indem sich die Hohenzollern oft mit großem Gefolge zur Jagd in Heilsbronn aufhielten, das die gesamten Kosten der Unterbringung und Verpflegung zu tragen hatte.
Der Übertritt der Markgrafen zur lutherischen Lehre 1529 brachte zwar auch die Einführung der Reformation in Heilsbronn. Doch blieben die Mönche unter ihrem neuen Abt Johannes Schopper (1529–1540) als evangelische Gemeinschaft unverändert zusammen, waren aber zum Aussterben verurteilt. 1578 konnte der Markgraf nach dem Tod des letzten Mönches Gebäude und reichen Besitz endgültig übernehmen. 1581 entstand die Fürstenschule, ein Gymnasium, das den Nachwuchs an Geistlichen und Beamten in der Markgrafschaft sichern sollte. Bis zu ihrer Auflösung 1736 nutzte die Schule die Klostergebäude, die dadurch weitgehend erhalten blieben. Während das Münster als Pfarrkirche der Stadt dient, werden seit 1994 Neue Abtei und Dormitorium als Religionspädagogisches Zentrum genutzt.

Rundgang durch das Kloster

Nach dem Abbruch des Kreuzganges 1770 und der Restaurierung Mitte des 19. Jh. erhebt sich die ehem. Abteikirche denkmalhaft isoliert. Ein weiter Hof trennt sie seitdem von den Resten der Klostergebäude. Die wohl schon Mitte des 12. Jh. vollen-

Klosteranlage der Zisterzienser

Die Zisterzienser entwickelten die traditionelle Klosteranlage um einige charakteristische Elemente weiter. Unmittelbar hinter dem Klostertor befand sich stets eine Kapelle für Gäste, da vor allem Frauen die Klausur nie betreten durften. Die Zisterzienser nahmen die Forderung der Benediktsregel nach Gastfreundschaft ernst, weshalb sie in Tornähe eine große Herberge unterhielten. Entsprechend der wirtschaftlichen Potenz des Klosters nahm der Wirtschaftshof großen Raum ein. Für die hier tätigen Konversen war im Westflügel der Klausur ein eigener, von den Mönchen völlig getrennter Bereich vorgesehen, was zur Doppelung von Schlaf- und Speisesaal führte, während die Küche zwischen beiden Refektorien lag. Um mehr Raum für den großen Konvent zu gewinnen, richteten die Zisterzienser ihren Speiseraum senkrecht zum Kreuzgang aus. Auch das Dormitorium wurde aus diesem Grund über das Kreuzgangquadrat hinaus verlängert. Die Abteikirche wies immer eine beachtliche Länge von bis zu 80 m auf, da das Langhaus sowohl das Gestühl der Mönche als auch der Konversen aufnehmen musste, getrennt durch eine Schranke. Insgesamt beeindrucken bei Zisterzienserklöstern sowohl die monumentalen Ausmaße als auch die Sorgfalt der Bauausführung.

dete romanische Kirche ist eine dreischiffige Säulenbasilika mit östlichem Querhaus. Ungewöhnlicherweise sind keinerlei Anklänge an die Baugewohnheiten der Zisterzienser zu erkennen. Der Bau folgt vielmehr den schweren Formen der schwäbischen Romanik. 1263–1284 ersetzten die Mönche die romanischen Apsiden durch einen dreischiffigen gotischen Chor.

Da es den Zisterziensern bis Mitte des 13. Jh. verboten war, Bestattungen weltlicher Gönner in ihrer Kirche aufzunehmen, wurde die Heilsbronner Klosterkirche mit eigenständigen Grabkapellen umgeben, die sich nur an die Kirche anlehnten. Durch den gotischen Chorneubau verschwand die Grabkapelle der Abenberger, während am südlichen Querhaus noch die romanische Heideckerkapelle mit ihrer erkerartig vorkragenden Altarnische aufrecht steht. Die romanische Vorhalle im Westen nahm ebenfalls eine Vielzahl von Gräbern auf. Daher wurde sie Ende des 14. Jh. durch einen gotischen Saalraum ersetzt, der als Ritterkapelle zum Langhaus geöffnet wurde. Schließlich entstand in den Jahren zwischen 1412 und 1433 anstelle des südlichen Seitenschiffes die zweischiffige Halle des Mortuariums. Auch diesen Bauteil ließ die Abtei eigens für die Bestattung freigiebiger Wohltäter errichten. Während der Bauzeit des Mortuariums erhielt die Kirche als glanzvollen Abschluss einen steinernen gotischen Dachreiter mit durchbrochenem Maßwerkhelm, ein auf zisterziensische Bescheidenheit reduzierter »kleiner Bruder« der großen Kathedraltürme. Nachdem sich im 19. Jh. ein neues Geschichtsbewusstsein bildete, erinnerten sich die preußischen Hohenzollern der Grablege ihrer Vorfahren. König Friedrich Wilhelm IV. plante sogar, für die Pfarrgemeinde eine neue Kirche zu errichten, um das Münster ganz als Denkmal der Dynastie zu nutzen. Ludwig I. von Bayern lehnte dies als Landesherr ab, begann aber 1851 mit preußischer Unterstützung eine umfassende Restaurierung der Kirche und ihrer Ausstattung durch den Architekten Friedrich von Gärtner. Dieser entfernte die umfangreichen barocken Veränderungen zugunsten eines rein mittelalterlichen Erscheinungsbildes. Während der 1946–1955 durchgeführten Gesamtrenovierung der Kirche wurden im Innenraum fast alle Spuren des 19. Jh. zugunsten einer unhistorisch steinsichtigen Gesamterscheinung getilgt. Allein die neuromanische nördliche Querhausfassade legt noch Zeugnis vom wiedererwachten Interesse an der Vergangenheit ab.

Das romanische Langhaus wird bestimmt durch die großen Grabmonumente der Hohenzollern.

Das romanisch-gotisch geprägte Münster überragt die noch teilweise erhaltenen Gebäude des Klosterbezirkes

Bischof Berthold von Eichstätt aus der Familie der Hohenzollern ließ Mitte des 14. Jh. ein Votivbild anbringen

Von überragender Bedeutung ist die erstaunlich vollständig erhaltene Ausstattung. Allein neun prachtvolle Schnitzaltäre aus der reichen Nürnberger Kunstproduktion sind noch vorhanden. Im Spätmittelalter waren es sogar 29, wodurch das Innere der Kirche noch stärker Abbild der goldglänzenden Himmelsstadt war. Hervorzuheben ist besonders der heutige Hochaltar von 1504, der ursprünglich im Mittelschiff als Grabaltar der Stifter diente. Diese, Markgraf Friedrich der Ältere und seine Frau Sophia samt zahlreicher Kinderschar, sind auf den Außenflügeln verewigt. Der Schrein zeigt die Anbetung des Kindes durch die Heiligen Drei Könige, dem mittelalterlichen Verständnis nach die ersten Fürsten, die durch Christus eingesetzt wurden. Die bemalten Flügel können zweimal umgeklappt werden, sodass eine vierteilige Folge des Marienlebens entsteht. Die überaus qualitätvollen Malereien, die sich der prunkliebende Markgraf bestellte, führte wohl der Nürnberger Hans Traut aus. Die Grablegung Christi unter dem Schrein wurde von den Stiftern als Zeichen ihrer Hoffnung auf Auferstehung angebracht.
Von der einst sicherlich ebenso aufwendigen Ausmalung der Kirche hat sich nur das Stiftungsbild im romanischen Chorraum erhalten. Bischof Otto I. von Bamberg und Graf Rapoto von Abenberg nebst Familie halten gemeinsam ein Modell der Kirche als Zeichen ihrer Stiftung empor. Die spätgotische Figur des hl. Jakobus des Älteren in der Kleidung und mit den Kennzeichen eines mittelalterlichen Pilgers, ursprünglich Teil eines Altares und heute in der Heideckerkapelle aufbewahrt, erinnert an den Pilgerweg nach Santiago de Compostela zum Grab dieses Apostels, der auch durch Heilsbronn führte.

Von großem kunsthistorischem und historischem Wert sind die zahlreichen Epitaphien, deren älteste aus dem 14. Jh. stammen und im romanischen Chorraum hängen. Abt Friedrich von Hirschlach (1346–1350) ließ sich zu Füßen des Schmerzensmannes darstellen. 1370 entstand als Gedächtnisbild an den Arzt Mengot eine Bildtafel, die neben Maria und Christus als Fürbitter auch den Stifter zeigt. Der Eichstätter Bischof Berthold von Hohenzollern (1351–1365), ebenfalls in Heilsbronn begraben, empfiehlt sich in einem gotischen Tafelbild der Fürsprache Mariens. Ende des 15. Jh. stellte sich der Konvent, streng getrennt nach Mönchen und Laienbrüdern, unter dem schützenden Mantel der Gottesmutter dar.
Das Mittelschiff ist in seiner heutigen Einrichtung ganz auf die Grablege der Hohenzollern abgestimmt. Während an den Mittelschiffwänden zahlreiche Totenschilde und Gedächtnisbilder dieser Familie hängen, beherrschen drei prunkvolle Sarkophage das Langhaus. Die aufwendigen Hochgräber Kurfürstin Annas (1437–1512) und des Markgrafen Georg Friedrich des Älteren (1539–1603) stehen noch ganz in der mittelalterlichen Tradition. Der von Adlern getragene Marmorsarkophag Markgraf Joachim Ernsts (1583–1625) entstand erst im frühen 18. Jh. und verkörpert schon das barocke Ideal einer fürstlichen Grabstätte. Joachim Ernst ist der letzte in Heilsbronn bestattete Hohenzoller. Nachdem die Gräber der Dynastie im Dreißigjährigen Krieg geplündert worden waren, ließ Markgraf Albrecht V. 1660 in der Residenzstadt Ansbach eine neue Familiengruft unter der Stadtpfarrkirche errichten. Ältere Grabmäler der Hohenzollern in Heilsbronn wurden zugunsten einer Sammelgruft beseitigt.
Nördlich des Münsters hat sich das frühgotische Refektorium nebst seitlich angebauter Küche erhalten. Der um 1230/40 entstandene einschiffige Bau steht deutlich in der Nachfolge der Kirche des Mutterklosters Ebrach. Einen schönen Akzent setzt das gotische Türmchen, mit dessen Glocke der Abt das Zeichen für Beginn und Ende der Mahlzeit gab. Neben dem Refektorium ragt noch der hohe gotische Giebel des Dormitoriums auf, das aber nur noch zu einem Drittel erhalten ist. Östlich dieser beiden Bauten erhebt sich das ehemalige Abtshaus, ein repräsentatives, zweiflügeliges gotisches Gebäude, in dem der Abt seine vornehmen Gäste empfing und unterbrachte. Entsprechend aufwendig ist die Innengestaltung. Aufgrund ihrer fast vollständigen Erhaltung mit Wandfresken, dreiteiliger hölzerner Tonnendecke und einem spätgotischen Altar ist die Abtskapelle von großem Seltenheitswert.

Öffnungszeiten:
Münster April–Okt. täglich 9.00–12.00 und 13.30–17.30 Uhr; Nov., Dez. und März täglich außer Dienstag 9.00–12.00 und 13.30–16.00 Uhr; Jan./Febr. geschlossen
Ehem. Refektorium nur auf Anfrage zugänglich
Info:
Evang.-Luth. Pfarramt Heilsbronn,
Tel.: 09872/1297
www.heilsbronn.de

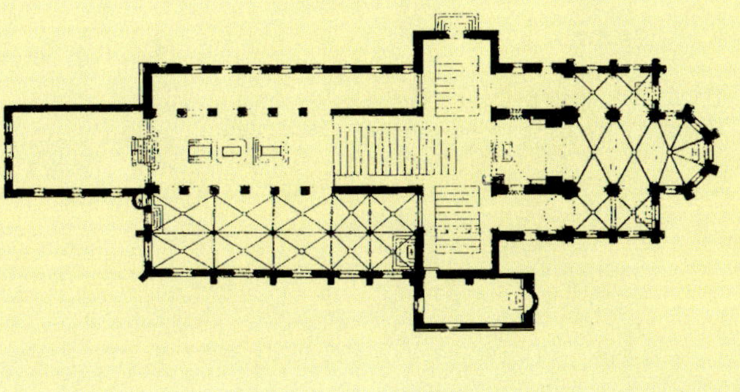

Bayerisch-schwäbische Mönchskathedrale
Zisterzienserabtei Kaisheim

Abseits touristischer Hauptrouten haben sich in Kaisheim die großartigen Gebäude einer der bedeutendsten deutschen Zisterzienserabteien erhalten. Besonderen Rang besitzt die aufwendige gotische Klosterkirche, gerahmt von monumentalen Barockbauten.

Mit dem gotischen Neubau der Abteikirche wetteiferten die Kaisheimer Mönche mit den Kathedralen der Bischöfe

Aus der Geschichte des Klosters

Das 1133 von Graf Heinrich II. von Graisbach-Lechsgemünd gegründete Kaisheim gehört zu den ältesten deutschen Zisterzienserklöstern. Zwei Jahre später konnte der Gründungskonvent aus dem südelsässischen Lützel die erste provisorische Klosteranlage beziehen. Einem zisterziensertypischen, wirtschaftlichen Aufstieg stand das religiöse Leben in nichts nach. Daher berief Elisabeth von Wittelsbach, die durch ihre zweite Ehe Tiroler Landesfürstin geworden war, 1273 Kaisheimer Mönche zur Gründung des Zisterzienserklosters Stams bei Innsbruck. Hier wollte sie das ewige Andenken an ihren 1268 in Neapel hingerichteten Sohn Konradin, den letzten Staufer, wach halten. 1282 übernahm Kaisheim von Kloster Maulbronn dessen Rechte als Mutterabtei über das Zisterzienserkloster Schöntal an der Jagst, um es erfolgreich wirtschaftlich zu sanieren. Entsprechend seiner Bedeutung hatte Kaisheim gleich über mehrere große Zisterzienserinnenklöster Aufsichtsrechte. Durch den Übertritt Herzog Ottheinrichs von Pfalz-Neuburg zum Luthertum geriet Kaisheim kurz vor der Mitte des 16. Jh. ernsthaft in Gefahr, aufgelöst zu werden. Ottheinrich beanspruchte landesherrliche Rechte über Kaisheim, die nur durch das energische und erfolgreiche Agieren Abt Konrads IV. Reuter (1509–1540) abgewehrt werden konnten. Das Kloster musste auch immer wieder seine erstmals 1363 bestätigte Stellung als Reichsabtei, die nur dem Kaiser unterstand, verteidigen. Demonstrativ nannte sich daher Kaisheim, dessen Name eigentlich vom Kaisbach herrührt, seit dem Spätmittelalter Kaisersheim. Als Reichsabtei unterhielt die Abtei aus Schutz- und Repräsentationszwecken eigenes Militär, immerhin knapp 80 Mann.

Im Dreißigjährigen Krieg erlosch das klösterliche Leben. Der Konvent floh vor den Schweden, die sich 1631 mit ihrem König Gustav Adolf einquartierten. Erst 1649 konnte der Abt zurückkehren und den zerstreuten Konvent wieder zurückrufen. Durch die kontinuierliche Aufbauleistung fähiger Äbte begann unter schwierigsten Bedingungen in der Barockzeit ein imponierender Aufstieg. Sichtbarer Ausdruck der erneuerten Macht der Reichsabtei ist der 1716 begonnene Neubau der

Leben im Kloster

Getreu dem Psalmwort »Ich lobe dich des Tages siebenmal, und mitten in der Nacht stehe ich auf, dir zu danken« bestimmte der Rhythmus der sieben Gebetszeiten und der täglichen Messe das Leben des Konventes. Zwischen ein und zwei Uhr nachts begann der Psalmengesang. Davon abgesehen herrschte im Kloster Schweigen. Zur Verständigung ersannen die Mönche eine ausgeklügelte Zeichensprache, die bis zu 400 Symbole umfassen konnte. Die Pausen zwischen den Stundengebeten nutzten sie zur Arbeit, worunter auch Studium und Lektüre verstanden wurde. Zum abgeschotteten Bereich der Klausur, dem Lebensbereich der Mönche, hatte normaler Weise niemand Zugang. Kurzzeitig verlassen durften sie das Kloster nur mit Erlaubnis des Abtes. Im Vergleich zur ländlichen Bevölkerung waren die Mönche immer gut versorgt, auch wenn während der Fastenzeiten die Mahlzeiten reduziert wurden. Den von der Benediktsregel geforderten Verzicht auf das Verzehren vierbeiniger Tiere hielten besonders die Zisterzienser streng ein, bis auch sie im Spätmittelalter immer öfter Fleisch aßen. Wassergespülte Latrinen, Leitungen mit quellfrischem Trinkwasser, Wärmeräume, Bademöglichkeiten und ein klostereigenes Krankenhaus sicherten den Mönchen einen Lebensstandard, der sich deutlich von dem der Normalbevölkerung abhob. Die Rundumversorgung ließ genügend Zeit zur Muße. Die oft aus einfachen Verhältnissen stammenden Mönche fanden hier die einzige Möglichkeit, sich geistigen Interessen zu widmen.

Von beeindruckender Schlichtheit ist das lang gestreckte Kirchenschiff

schlossartigen Klostergebäude. Das 18. Jh. findet Kaisheim auf dem Höhepunkt seiner langen Geschichte, besonders glanzvoll verkörpert in seinem prunkliebenden Abt Coelestin II. Angelsprugger (1771–1783). Dieser, aus einfachen Verhältnissen stammend, vereinigte barocke Lebensfreude mit großem wissenschaftlichem Interesse. Kurfürst Karl Theodor nahm ihn in seinen exquisiten Wissenschaftsclub auf, vom Orden bekam er die Visitation der oberdeutschen Provinz übertragen. Höhepunkt seiner Laufbahn war die Audienz bei Ludwig XVI. in Versailles, wo er die Interessen des Zisterzienserordens zu vertreten hatte.

1802 beendete die Säkularisation abrupt Kaisheims beste Zeit. Zunächst in ein zentrales Aussterbekloster für bayerische Franziskaner umgewandelt, dienen die Klostergebäude seit 1816 als Gefängnis.

Rundgang durch das Kloster

In Machtanspruch und Dimension seiner Architektur wetteiferte Kaisheim unübersehbar mit seinem ebenfalls hoch bedeutenden Schwester- und Konkurrenzkloster Salem.

Wohl als Reaktion auf den dortigen grandiosen, fast vollendeten gotischen Neubau, begann Abt Ulrich III. Niblung (1340–1361), die romanische Basilika durch ein

zeitgemäßes Meisterwerk zu ersetzen. Abt Ulrich war ein tieffrommer Mann, der in brieflichem Kontakt mit der Mystikerin Margarethe Ebner aus dem Dominikanerinnenkloster Maria Medingen stand. Unmittelbar nachdem eine Pestepidemie abgeklungen war, ließ er die gewaltigen Fundamente und 1352 den Grundstein legen. Neben der asketisch-strengen Grundstimmung verdeutlicht der rund 80 m lange Bau zugleich den Anspruch des sich zur Reichsabtei aufschwingenden Klosters. Schon 1372 war der Mönchschor und damit die halbe Kirche vollendet. 1387 vollzog die Abtei die feierliche Schlussweihe.
Der großartige lang gestreckte Ziegelbau, dessen Außenputz ursprünglich Malereien aufwies, verwendet Hausteine nur an Tür- und Fenstergewänden und im Innern an Arkaden, Vierungspfeilern und Gewölberippen. Einen besonderen Akzent setzt der ungewöhnliche steinerne Vierungsturm, der 1459 hinzugefügt wurde.
Im Innern vollendet sich die Strenge des Langhauses im reicher gebildeten Chor, einem Höhepunkt gotischer Architektur in Deutschland. Er wird von einem Umgang mit Kapellenkranz umfangen, wobei die Kapellen keine trennenden Mauern besitzen, sondern auf schlanken Rundpfeilern ruhen. Hier mischen sich Vorbilder der französischen Hauptabteien des Ordens mit dem Einfluss später Kathedralgotik, geprägt durch die schwäbische Baumeisterfamilie Parler.
Von der einst hochbedeutenden mittelalterlichen Ausstattung hat sich außer dem beidseitig bemalten ehemaligen Lettnerkreuz, Stiftergrab und zwei Figuren der Ordens- und Kirchenpatronin Maria nichts erhalten. Im Jahre 1500 ließ Abt Georg II. Kastner (1490–1509) durch den berühmten Nürnberger Bildhauer Adam Krafft ein Sakramentshaus aufstellen, das im 17. Jh. abgebrochen wurde. Zu den Prunkstücken der Alten Pinakothek in München gehören die von Hans Holbein dem Älteren aus Augsburg gemalten Flügel des 1502 aufgestellten Hochaltares. Verloren ist leider der Schrein mit seinen Figuren, den zwei weitere Augsburger Meister, Adolf Daucher und Gregor Erhart, geschaffen hatten und die gotische Orgel mit von Holbein bemalten Flügeln. Wäre diese spätgotische Chorausstattung noch erhalten, Kaisheim gälte als Kunstpilgerziel ersten Ranges.
In reizvollem Kontrast zur strengen Architektur steht die kraftvoll-üppige Neuausstattung des Frühbarock. Durch die Verbindung zum Tochterkloster Stams konnten hier Tiroler Künstler in Bayerisch-Schwaben ganz eigene Akzente setzen. Der monumentale, 20 m hohe Hochaltar des Tiroler Bildhauers Andreas Thamasch wurde 1673 aufgestellt. Er nimmt fast die ganze Höhe und Breite des Chores ein und umrahmt das Hauptgemälde von Johannes Pichler mit der Verherrlichung des

Kloster-Karrieren

Mit Ausnahme der meist dem Adel vorbehaltenen Stifte waren Klöster die einzige Chance für die unteren Schichten, einen Aufstieg innerhalb der in Ständen festgefügten Gesellschaft zu erreichen. In Klöstern wurde nicht die Herkunft beachtet, sondern die Fähigkeiten des Einzelnen, die früh durch Schule und Studium gefördert wurden. So konnten einfache Bauern- oder Handwerkersöhne bis hin zu Reichsäbten und damit zu adelsgleichen Herrschern über ein selbständiges Klosterterritorium aufsteigen. Damit war in Klöstern jahrhundertelang jene soziale Mobilität möglich, die das einfache Volk erst durch die Französische Revolution erhielt.
So konnte der bedeutende Kaisheimer Abt Konrad IV. Reuter (1509–1540) mit sanfter Ironie einem Schreiben der Äbtissin des ihm unterstellten Klosters Kirchheim, in dem diese sich stolz als geborene Gräfin von Öttingen titulierte, folgend antworten: »Frater Conrad Abt von Kaisersheim, Sohn eines Metzgers von Nördlingen«.

Im Spätmittelalter wurde der Klosterstifter mit einem aufwendigen Grabmal geehrt

hl. Bernhard von Clairvaux. Neben weiteren Altären, Beichtstühlen, Kanzel und Chorgestühl, ausgeführt von Thamaschs Nachfolger und Vetter Johann Franz Paul Tschiderer, fallen besonders die großen, ungewöhnlich reich geschwungenen Rahmen auf, die mit den Apostelgemälden von 1711 die kahle Mittelschiffwand beleben.

Zeichen der besonderen Musikpflege in Kaisheim ist neben der Musikempore des 17. Jh. im nördlichen Querhaus das imposante frühbarocke Orgelprospekt. Insgesamt sind sechs sich ablösende Orgelwerke nachgewiesen, worunter die 1792 eingebaute dreimanualige Orgel des Ochenshauseners Josef Höß die bedeutendste war.

Abt Rogerius I. Röls (1698–1723) fasste 1716 den Entschluss, die kleinteilige mittelalterliche Klosteranlage durch einen repräsentativen barocken Neubau in gewaltigen Dimensionen (153 x 110 Meter) zu ersetzen. Maßstab war auch hier der 1708 vollendete Neubau von Konvent- und Abteigebäuden in Salem, weshalb mit Franz Beer von Blaichten auch der gleiche Architekt gewonnen werden konnte. Diese enorme Bauleistung Kaisheims wird noch beeindruckender, wenn man bedenkt, dass Abt Rogerius zunächst immense Schulden zu tilgen sowie Kontributionen und wirtschaftliche Schäden in der Zeit des Spanischen Erbfolgekrieges zu tragen hatte. Zeitgleich konnte sogar noch der vollständige Neubau des Kaisheim unterstellten Klosters Pielenhofen betrieben werden.

Die gotische Kaisheimer Kirche bekam eine ausladende Barockfassade vorgeblendet, wobei der Ausbau der Türme dann doch in Erinnerung an den Turmverzicht der Zisterzienser unterblieb. Leider wurde sie 1872 im Sinne einer Regotisierung abgebrochen. Die lang gestreckten Trakte der Gebäude sind durch Eck- und Mittelpavillons belebt. Die Ausstattung dieser gewaltigen Baumasse, die in nur sechs Jahren errichtet war, zog sich bis zum Ende des 18. Jh. hin. Während die Einrichtung der Bibliothek heute in Neuburg an der Donau zu bewundern ist, haben sich durch

Reizvollster Bauteil der Kirche ist der Chorumgang mit seinen Kapellen

die Gefängnisnutzung vor Ort nur im Ostflügel originale Raumausstattungen erhalten, darunter der Kaisersaal von Peter Franz Appiani.

Jeder Besucher Kaisheims sollte sich unbedingt Zeit für einen Besuch im nahen Leitheim nehmen. In landschaftlich schönster Lage hoch über der Donau steht hier das barocke Sommerschlösschen der Abtei, dessen Reize sich besonders bei einem der zahlreichen Konzerte erschließen.

Öffnungszeiten:
Kirche tagsüber geöffnet, nur bis Gitter
Klostergebäude: Bayer. Strafvollzugsmuseum (Kaisersaal, Abtsräume)
März–Nov. Di.–So. 10.00–17.00 Uhr

Info:
Kath. Pfarramt, Tel.: 09099/318,
JVA, Tel.: 09099/999-0
www.ferienland.donau-ries.de
www.kaisheim.de

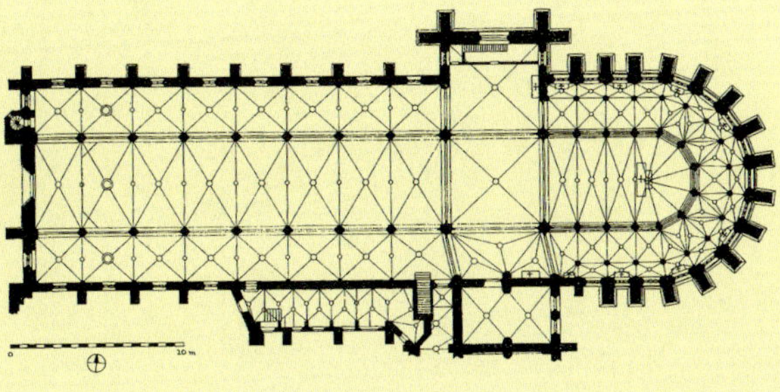

Vom Urwald zum Garten Gottes
Zisterzienserabtei Waldsassen

Die überraschend große Kirche der Abtei Waldsassen zeigt sich als Triumphbau der Gegenreformation, dessen reicher Stuck mit zum Schönsten zählt, was italienisch geprägter Hochbarock in Deutschland hinterlassen hat. Noch berühmter als die Kirche ist der Bibliothekssaal mit seiner fast überbordenden, fantasievollen Schnitzkunst.

Kirche und Abteigebäude bilden noch eine geschlossene Einheit

Aus der Geschichte des Klosters

Waldsassens Gründung wurde in einer abenteuerlichen Gründungslegende dem Einsiedler Gerwig zugeschrieben, der aber historisch nicht fassbar ist. Tatsächlicher Gründer war Markgraf Diepold. Er berief 1133 Zisterziensermönche in die Nähe seiner Residenzstadt Eger, deren besondere Fähigkeiten bei der Rodung und Kultivierung in dieser waldreichen Gegend besonders gefragt waren. Die Rodungstätigkeit der Waldsassener Mönche erstreckte sich weit in den nördlichen Böhmerwald, der dadurch besiedelt werden konnte. Schon 1143 konnte der Gründungskonvent in das böhmische Sedletz entsandt werden. Als der Gründer 1146 starb, fiel der reiche Besitz an die Staufer. Im folgenden Jahr verlieh König Konrad III. der Abtei ein umfassendes Privileg, das seine Reichsfreiheit begründete. Auch unter seinem Nachfolger Kaiser Friedrich I. Barbarossa, der 1179 an der Weihe der Abteikirche teilnahm, stand Waldsassen in besonderer Gunst, da er das nahe Eger als Pfalzort weiter ausbaute. Die Zahl der Mönche wuchs in der zweiten Hälfte des 12. Jh. rasch, sodass noch 1151 nach Bronnbach an der Tauber und 1194 ins böhmische Ossegg jeweils zwölf Mönche samt Abt geschickt werden konnten.

Die Nähe zu Böhmen führte 1430 und 1433 zu schweren Plünderungen durch die Hussiten. Zum bessern Schutz errichtete das Kloster in der zweiten Hälfte des 15. Jh. nordwestlich der Kirche eine Wasserburg, die in Friedenszeiten als repräsentative Residenz des Abtes diente. Sie musste sich schon bald bewähren, als Waldsassen 1504 im Landshuter Erbfolgekrieg niedergebrannt, geplündert und der reiche Reliquienschatz zerstört wurde. 1517 war der Wiederaufbau abgeschlossen, doch konnte sich das Kloster nur noch kurze Zeit daran erfreuen. Denn Waldsassen hatte sich zu Beginn des 15. Jh. aufgrund innerklösterlicher Streitigkeiten unter den Schutz des oberpfälzischen Landesherrn, des Pfalzgrafen bei Rhein, begeben. Dieser versuchte hartnäckig und erfolgreich, die wohlhabende Reichsabtei samt ihrem großem, geschlossenen Territorium (Stiftsland) seiner Herrschaft zu unterwerfen. Der Widerstand der Äbte wurde gewaltsam unterdrückt, bis schließlich ab 1537 nur noch weltliche Verwalter anstelle des Abtes zugelassen waren. Eine dramatische Wende brachte der Glaubenswechsel des neuen Klosterherrn, in dessen Folge die Abtei 1556 unter Pfalzgraf Ottheinrich aufgelöst wurde.

Im frühen 17. Jh. begann durch den Landesherrn die bürgerliche Besiedlung des Ortes. 1619 fand in den alten Mauern ein welthistorisches Ereignis statt, das den Beginn des Dreißigjährigen Krieges markiert: Der calvinistische Kurfürst Friedrich V. von der Pfalz war gegen die Interessen der katholischen Habsburger vom Böhmischen Generallandtag zum König gewählt worden. Auf seiner Reise nach Prag machte er hier Station und wurde von der böhmischen Gesandtschaft begrüßt, die ihm die Königskrone antrug. Die Niederlage des »Winterkönigs« gegen die katholische Liga im folgenden Jahr brachte auch für das ehemalige Kloster die Wende. Denn die Oberpfalz fiel nun an die Münchner Verwandtschaft der pfälzischen Wittelsbacher, die katholisch geblieben waren. 1661 übergab der bayerische Kurfürst Ferdinand Maria Gebäude und Ländereien an das Zisterzienserkloster Fürstenfeld zur Wiederbesiedlung. 1690 wurde Waldsassen wieder selbständige Abtei. 1681–1704 erfolgte der vollständige barocke Neubau von Kirche und Klostergebäuden.

Das glanzvollste Ereignis in der jüngeren Waldsassener Klostergeschichte war 1733 das 600-jährige Gründungsjubiläum, für dessen achttägige Feier alles aufgeboten

wurde, was barocker Prunk und Pathos zu bieten hatte. Im Zuge der Vorbereitungen gründete Abt Eugen Schmid in Köllergrün eine Einsiedelei in Erinnerung an die legendären Anfänge der Abtei.
1803 löste der Landesherr Waldsassen erneut auf. Während die Abteikirche von der Pfarrei übernommen werden konnte, dienten die übrigen Gebäude Wohn- und Gewerbezwecken. 1863 gelang der Landshuter Zisterzienserinnenabtei Seligenthal Kauf und Wiederbesiedlung des ehem. Mönchklosters, allerdings unter der Auflage, Schulen zu eröffnen. 1925 erfolgte die Erhebung zur Abtei.

Rundgang durch das Kloster

Nach der Wiederbesiedlung Waldsassens durch die Zisterzienser und der Konsolidierung der wirtschaftlichen Lage gingen die Zisterzienser rasch daran, ein völlig neues Klostergebäude zu errichten. Die seit über einhundert Jahren zweckentfremdeten und heruntergekommenen mittelalterlichen Bauten brach man demonstrativ ab, um den Neubeginn als für jeden sichtbares Zeichen der Rückkehr des »wahren« Glaubens mit prunkvollen und würdigen Gebäuden zu markieren. Initiator der Baumaßnahmen war der geniale Fürstenfelder Abt Martin Dallmayr (1640–1690), der zugleich für sein neues Tochterkloster Waldsassen zuständig war. Wie in Fürstenfeld steht er auch hier für den Beginn einer wirtschaftlichen und kulturellen Blütezeit. Zunächst ließ er 1675 das Abtsschloss unter Verwendung der mittelalterlichen Mauern wieder aufbauen. 1681 begann der Neubau der Konventgebäude, der bis 1690 abgeschlossen war. 1685 wurde der Grundstein für die neue Kirche gelegt, nachdem die romanische Basilika mit ihrem gestaffelten Fünf-Apsiden-Chor niedergelegt worden war.
Durch die Nähe zu Böhmen wurden die Arbeiten dem Architekten Abraham Leuthner übertragen, der in Prag eine große Baufirma leitete. Er brachte seinen Schwager Georg Dientzenhofer mit, der sich in Waldsassen verheiratete, aber schon 1689 starb. Dientzenhofer, der mit seinen Brüdern zu den führenden Architekten des späten 17. und frühen 18. Jh. im böhmisch-fränkischen Raum zählte, ist wohl die Hauptleistung an den Planungen zuzuschreiben. Er errichtete für Waldsassen ab 1685 die Wallfahrtskirche zur Heiligsten Dreifaltigkeit, Kappl genannt. Mit ihrer hochsymbolischen Raumform aus drei Halbkreisen um ein gleichseitiges Dreieck, gerahmt von drei Türmen zeigt sie eindrucksvoll das Können des Meisters. Ein Abstecher hierhin sei jedem Waldsassen-Besucher empfohlen. Nach Georg Dientzenhofers Tod war für kurze Zeit sein Bruder Christoph für das Kloster tätig, anschließend Bernhard Schießer, der die Witwe des Architekten geheiratet hatte.
Zentrum der Abtei ist die 1704 geweihte Kirche, die mit über 82 m Länge monumentale Ausmaße erreicht. Ordensuntypisch ist die Doppelturmfassade, da eigentlich nur ein hölzerner Dachreiter zugelassen war. Da die Freigeschosse aber erst in Höhe des Dachfirstes über der blockhaften Westfassade sitzen, hatte man sich in Waldsassen mit diesem Kompromiss durchgemogelt.
Der Innenraum überrascht durch seine Höhe und Helligkeit. Raumbestimmend ist der großartige, stark plastische Stuck des Italieners Giovanni Battista Carlone, der bis 1698 in nur vier Jahren mit seinen Gehilfen den ganzen Rohbau auskleidete. Unmittelbar zuvor hatte er die gesamte Stuckierung des Passauer Domes geleistet. In reinem Weiß gehalten, trägt der Stuck zur lichten Erscheinung der Abteikirche

bei. Mit seinen Blatt- und Blütengirlanden, die die Architektur rahmen, wirkt er wie eine permanente Festdekoration.
Die zahlreichen großen Stuckfiguren sind Teil des theologischen Gesamtprogramms. An den Vierungspfeilern stehen die vier abendländischen Kirchenväter gleichsam als Träger der Kirche. Auf den Arkadenbögen liegen Frauenfiguren als Versinnbildlichung der Gaben des Heiligen Geistes und damit der christlichen Tugenden, die durch reizvolle Putten mit ihren Symbolen verdeutlicht werden. Die Prophetenfiguren in den Gewölbezwickeln des Mittelschiffes verweisen mit ihren Schrifttafeln mit Bibelzitaten auf den Inhalt der Fresken: Der Prager Maler Johann Jakob Steinfels schuf in den drei Langhauskuppeln Szenen des freudenreichen, schmerzhaften und glorreichen Rosenkranzes als Huldigung an die Patronin der Zisterzienser, die im großen Vierungsbild als Schutzherrin des Ordens dargestellt wird. Zwischen den Emporenöffnungen finden sich Bilder großer Zisterzienserheiliger. Die Chorfresken schildern ausführlich die legendäre Gründung durch den Einsiedler Gerwig. Sie ermahnen die Mönche zum asketischen Leben und schildern die Stiftung als Akt der göttlichen Vorsehung.
Die Chorwand wird völlig ausgefüllt von der Hochaltarkomposition Carlones. Den interessanten Marmortabernakel in Form einer Weltkugel, begleitet von der Verkündigung und anbetenden

Überraschend ist die enorme Länge des Kirchenraums

Klosterbibliotheken

»Ein Kloster ohne Bücher ist wie eine Burg ohne Waffen«. Getreu diesem Motto gehörte zur klösterlichen Grundausstattung eine Bibliothek. Durch das weit gespannte Interesse der mittelalterlichen Klostergemeinschaften wurden nicht nur Werke christlicher Theologie, sondern auch antike Autoren gesammelt und damit der Nachwelt erhalten. Einzige Möglichkeit der Verbreitung war das mühsame Abschreiben in klostereigenen Skriptorien, eine der wichtigsten Tätigkeiten mittelalterlicher Mönche und Nonnen. Denn der unglaublich hohe Anstieg der Klostergründungen im 11. und 12. Jh. führte zu einem stark erhöhten Bedarf an Literatur. Ein Problem bildete immer wieder die säumige Rückgabe der zum Kopieren ausgeliehenen Bücher, sodass in mittelalterlichen Bibliotheken die wichtigsten Werke angekettet wurden und nur noch vor Ort abgeschrieben werden durften. In der Renaissance wurden den Klosterbibliotheken zu wahren Fundgruben für humanistische Gelehrte oder sammelwütige Landesherren.

Einen großen Fortschritt bedeutete die Erfindung und Verbreitung der Buchdruckkunst, die zu einem raschen Anstieg des Büchervolumens führte. Besonders in der Barockzeit besaßen viele Abteien eigene Druckereien, was den immens hohen Bücherbestand erklärt. Die Bibliotheken wurden nun in großen Räumen untergebracht und waren durch Kataloge vorbildlich erschlossen. Die meist prunkvolle Ausstattung führte Besuchern repräsentativ vor Augen, welchen Stellenwert Bildung hier hatte. Alle Bereiche der Wissenschaft konnten dort studiert werden, da sie als unterschiedliche Ausprägung der zentralen göttlichen Weisheit angesehen wurden.

Engeln schuf 1690 Karl Stilp, der bei der Bibliotheksausstattung noch Großartiges leisten sollte. Reich geschnitzt ist das Chorgestühl eines Waldsassener Meisters, bekrönt von Gemälden mit den für die Region typischen üppigen Akanthusrahmen. Die großen Querhausaltäre sind Maria und ihrem großen Verehrer, dem hl. Bernhard von Clairvaux, geweiht. Den Abschluss der Kirchenausstattung bildete die 1738 auf der Westempore aufgestellte Orgel des Johann Konrad Brandenstein aus Stadtamhof. Unter der gesamten Kirche erstreckt sich die Gruft der Mönche.

Die Klostergebäude, die heute von Zisterzienserinnen genutzt werden, liegen auf der Südseite der Kirche. Ein nach Westen begonnener zweiter Hof, der für den Abt vorgesehen war und einen Festsaal enthalten sollte, wurde nicht vollendet. Nach Norden schließt sich an die Kirche der Gästetrakt an, der bis zum Abtsschloss reicht.

Bei weitem sehenswertester Raum ist die Bibliothek, die zu den schönsten Räumen gehört, die für diesen Zweck geschaffen wurden. Gleich nach Amtsantritt begann der bibliophile Abt Eugen Schmid (1724–1744), der eine klostereigene Druckerei eröffnen ließ, mit der Einrichtung dieses Raumes im Westflügel. Hier entstand kein Zweckraum, sondern eine Verherrlichung zisterziensischer Geistigkeit und Bildung. Von großartiger Wirkung sind die aus Lindenholz geschnitzten zehn Trägerfiguren der Empore. Karl Stilp schuf hier eine Galerie skurriler Gestalten, die wohl als Verkörperung des Hochmutes zu deuten sind. Nur durch wahre Demut, wie sie der in den Deckenfresken dargestellte hl. Bernhard besaß, kann Glaube mit Wissenschaft verbunden werden. Überreich geschnitzt sind alle Regalrahmungen und -bekrönungen, interessant auch der Stuck mit sog. Grotesken nach französischem Vorbild. Der Bücherbestand, der nach der Wiederbesiedlung neu angeschafft werden musste und bis 1803 auf fast 19 000 Bände angewachsen war, hat sich nur zu einem Viertel in der Amberger Provinzialbibliothek erhalten. Erst 1965 kehrten über 2000 Bücher als Dauerleihgabe zurück, um die leeren Regale zu füllen und den ursprünglichen Raumeindruck wieder herzustellen.

Waldsassen besitzt eine der schönsten Klosterbibliotheken Deutschlands

Stuckfigur Papst Gregors des Großen am Vierungspfeiler

Öffnungszeiten:
Kirche täglich geöffnet
Bibliothek nur mit Führung:
Mo. geschlossen. April–Okt. 10.00–12.00 und 14.00–16.45 Uhr, Nov.–März 13.00–16.00 Uhr

Info:
Bibliothek: Zisterzienserinnenabtei Waldsassen, Tel.: 09632/92000
Basilika: Kath. Pfarramt, Tel.: 09632/1387
www.abtei-waldsassen.de
www.pfarreiwaldsassen.de

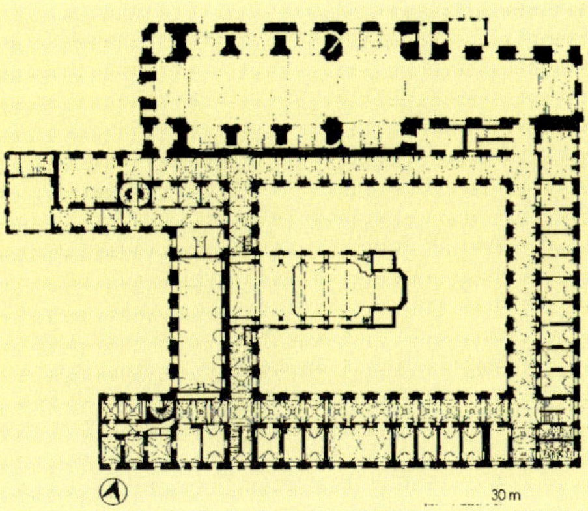

Herzogliches Sühnekloster
Zisterzienserabtei Fürstenfeld

Unter den zahlreichen Klöstern im Münchener Umland ragt durch Größe und Pracht Kloster Fürstenfeld hervor. Schon der Name verrät die Nähe zu den Wittelsbachern, die die Abtei zu einem ihrer wichtigsten Hausklöster machten. Daher ist hier eine der grandiosesten Raumausstattungen bayerischen Rokokos zu erleben.

Einmalig in Bayern ist die schwere, säulengeschmückte Westfassade

Aus der Geschichte des Klosters

Am Anfang der Klostergeschichte steht ein grausamer Mord, den der wohl vor Eifersucht rasende Herzog Ludwig II. (1253–1294) 1256 an seiner Gattin Maria von Brabant auf Burg Mangoldstein bei Donauwörth beging. Da sich schnell die Unschuld der jungen Herzogin herausstellte, musste sich Ludwig zumindest kirchlichen Strafen unterwerfen. Denn als hochadeliger Landesherr war er vor einem weltlichen Gericht nicht zu belangen und die Verwandtschaft des Opfers war weit weg. Vom Papst wurde ihm freigestellt, entweder als Kreuzfahrer nach Jerusalem zu ziehen oder ein Kartäuserkloster zu gründen, das für ihn stellvertretend den Mord sühnen sollte. Ludwig entschied sich für die bequemere Variante und schaffte es sogar, den für seine eigentliche Absicht, nämlich die Vergrößerung der Landesherrschaft, effektiveren Orden der Zisterzienser einzusetzen.

Er unterstützte eine bereits von Kloster Aldersbach vorgenommene Gründung in Thal bei Bad Aibling, die ihm 1258 von den eigentlichen Stiftern übertragen wurde. Wenig später verlegte der Herzog das Kloster nach Olching und 1263 an seine heutige Stelle an der Amper, die verkehrsgünstiger an der Straße München–Ausgsburg lag und mehr Entwicklungsperspektiven bot. Hier ließ er sich als Stifter ehrenvoll begraben, während der Leichnam seiner Frau im Kloster Heilig Kreuz in Donauwörth blieb. In der späteren Klostergeschichte trat aus Rücksicht auf die wittelsbachischen Schutzherren der unrühmliche Anlass zur Entstehung Fürstenfelds immer mehr zurück. So konnte Ludwig in der barocken Kirche durch ein pathetisches Standbild am Choreingang geehrt werden. Beschönigend erhielt er aufgrund seiner Gewalttat den Beinamen »der Strenge«.

Sein Sohn, der als Kaiser Ludwig der Bayer (1314–1347) weitaus ruhmvoller in die Geschichte einging, war der zweite große Förderer der Abtei. Daher wurde auch er mit einem barocken Denkmal am Choreingang geehrt. Der Kaiser starb bei einer Jagd ganz plötzlich auf freiem Feld in der Nähe des Klosters. Seinem Wunsch gemäß ruht sein Herz in seinem Lieblingskloster. Fürstenfeld behielt seine Rolle als wichtiges Hauskloster der Wittelsbacher über alle Jahrhunderte. Durch die Nähe zur Residenzstadt München hielt sich der Hof häufig nicht nur aus religiösen Anlässen, sondern auch zur Jagd und Erholung hier auf. Dies brachte dem Kloster zwar Ehre, aber vor allem auch hohe Verpflegungskosten ein. Fürstenfeld diente darüber hinaus immer wieder als eine Art Hausbank für die oft klammen Herzöge, die es dann mit der Begleichung ihrer Schulden selten sehr genau nahmen.

In den Wirren der Reformationszeit, die auch Fürstenfeld erreichten und zur Zerrüttung des Ordens- und Wirtschaftslebens führten, griffen die Herzöge energisch ein. Äbte wurden mehrmals von ihnen ab- und weltliche Verwalter eingesetzt, was letztlich zum Erfolg führte. Ein Wendepunkt bedeutete 1595 die Zusammenkunft der oberdeutschen Zisterzienseräbte unter dem Vorsitz des Abtes von Cîteaux in Fürstenfeld. Richtungsweisende Reformstatuten sicherten nun die Erneuerung des Ordenslebens.

Aus der Notzeit des Dreißigjährigen Krieges führte das Kloster sein wohl bedeutendster Abt Martin Dallmayr (1640–1690) zu einer geistlichen und wirtschaftlichen Blüte. Damit schuf er die Grundlage für den großartigen barocken Neubau, der unter seinem Nachfolger Balduin Helm (1690–1705) begonnen wurde. Abt Martin Dallmayr gelang unter großem finanziellem Einsatz 1669 die Wiederbesiedlung des seit fast einem Jahrhundert aufgelösten und völlig ruinösen Zisterzienserklosters Waldsassen.

Aufgrund der engen Verbindung seines Hauses mit den Wittelsbachern rechnete der letzte Abt Fürstenfelds, Gerard Führer (1796–1803), nicht mit einer Auflösung, die aber ohne Zögern 1803 vom bayerischen Kurfürsten ausgesprochen wurde. 1816 erinnerte sich König Max I. Joseph wieder der Bedeutung Fürstenfelds für die Wittelsbacher. Deshalb ließ er sie zur Landhofkirche erklären und täglich einen Gottesdienst für Ludwig den Bayern und seine Familie abhalten. Ludwig I. dachte sogar kurzfristig über eine Wiederbelebung klösterlichen Lebens nach. Seit 1924 nutzt die bayerische Polizei die ausgedehnten Gebäude zu Schulzwecken.

Rundgang durch das Kloster

Den Entschluss zum vollständigen barocken Neubau von Kloster und Kirche, für die Abt Martin Dallmayr die materielle Grundlage gelegt hatte, beeinflusste maßgeblich der Landesherr, Kurfürst Max Emanuel. Dieser wünschte für die zahlreichen Aufenthalte des Hofes eine repräsentative Unterkunft nach dem Vorbild habsburgischer Klosterpaläste. Daher verwundert es nicht, wenn der aufwendige Nordflügel, dem ehemals ein barocker Garten vorgelagert war, deutliche Ähnlichkeit mit Schloss Schleißheim zeigt. Max Emanuel schickte zudem seinen Hofbaumeister Giovanni Antonio Viscardi, der die Pläne ausarbeitete. 1691 konnte der Grundstein für die Klostergebäude gelegt werden, die schon 1699 vollendet waren.

Wirtschaft der Zisterzienser

Die weite Verbreitung des Ordens und die Größe seiner Bauwerke wären ohne den enormen wirtschaftlichen Erfolg nicht denkbar. Grundlage war zunächst die Eigenbewirtschaftung der Ländereien, die von Musterhöfen, den sog. Grangien (lat. Scheune) aus betrieben wurden. Ganze Dörfer wurden anfangs erworben und entsiedelt, um ungestört zu wirtschaften. Die Mönche ließen sich die Ländereien nicht nur schenken, sondern arrondierten ganz gezielt durch Kauf immer weiter ihren Besitz. Die großen Güter konnten nur dank der Laienbrüder (Konversen) bebaut werden, die im Gegensatz zu den Mönchen sehr eingeschränkte Gebetspflichten hatten und so vor allem als spezialisierte Handwerker und Arbeiter eingesetzt werden konnten.

Der Wirtschaftsbetrieb der Zisterzienser war von Anfang an auf Überschussproduktion angelegt, der in klostereigenen Stadthöfen verkauft wurde. Die stark anwachsenden Städte des 12. und 13. Jh. waren der ideale Absatzort für deren reiche Erträge. Mehrere Höfe in wichtigen Städten der näheren und weiteren Umgebung dienten als Lager und Verkaufsstellen. Durch Steuerbefreiung auf eigenbewirtschaftete Güter und den Transportwegen waren die Produkte der Zisterzienser günstiger als die anderer Grundherrschaften. Die größeren Stadthöfe besaßen eine Kapelle, da dort ständig einige Konversen lebten und durchreisende Mönche Quartier nahmen. Oft nutzten Beginengemeinschaften die hier mögliche geistliche Betreuung.

Da sich die Zisterzienser streng an das Verbot Benedikts hielten, vierbeinige Tiere zu essen, wurden ausgedehnte Fischteiche angelegt. Dies ist mit ein Grund, warum dieser Orden wasserreiche Täler für seine Gründungen auswählte. Die Zisterzienser brachten es in der Wasserwirtschaft, zu der nicht nur Fischteiche, sondern auch Mühlen und Hammerschmieden zählten, zu besonderer Meisterschaft. Ab dem späten 13. Jh. glich sich der Wirtschaftsbetrieb dem anderer Orden an. Durch die stark zurückgehende Konversenzahl musste die Eigenbewirtschaftung zugunsten von Verpachtungen weitgehend aufgegeben werden. Nun wurden von Stiftern auch die eigentlich vom Orden verbotenen Einnahmequellen von Zehnten und Pfarrkirchen mit ihren Einkünften angenommen. Auch die erst seit der Mitte des 13. Jh. zugelassene Bestattung wohlhabender Gönner des Klosters innerhalb der Klausur brachte willkommene Einnahmen.

Erst danach ließen die Mönche 1700 mit dem groß angelegten Neubau der Kirche beginnen. Streitigkeiten zwischen Abt und Konvent sowie die Wirren des Spanischen Erbfolgekrieges führten ein Jahr später zur Einstellung des Vorhabens. Erst nach Kriegsende und Rückkehr des Kurfürsten aus seinem Exil konnte weitergearbeitet werden. 1718 war der Chor im Rohbau vollendet, seine Dekoration fünf Jahre später fertig gestellt. Der Bau des Langhauses zog sich durch einen Teileinsturz bis 1730 hin, während die Ausstattung erst lange nach der Weihe 1741 vollendet werden konnte. Aus dieser langwierigen Baugeschichte erklärt sich der Kontrast der etwas altertümlich-steifen Architektur nach dem Vorbild der über ein Jahrhundert zuvor errichteten Jesuitenkirche St. Michael in München zur prunkvoll-beschwingten Rokoko-Dekoration.

Schon die ungewöhnlich mäjestätisch und plastisch wirkende Fassade mit ihrer doppelten Säulengliederung stimmt auf die machtvollen Dimensionen des 80 m langen Innenraumes ein. Dieser erscheint als gewaltiger Saalraum, der effektvoll aus raumhohen Seitenkapellen belichtet wird. Noch lichtvoller ist der lang gestreckte Chorraum, dessen Eingang durch Säulen und Stuckvorhang als Bühne eines heiligen Schauspiels gestaltet ist. Von grandioser Wirkung ist die üppige, sich steigernde Raumausstat-

Der Innenraum erstrahlt in selbst für bayerische Verhältnisse ungewohnter Pracht

tung. Während die untere Zone des Langhauses ganz durch vornehme Stuckmarmorsäulen und bewegte Seitenaltäre bestimmt wird, greifen im Gewölbe der variationsreiche Stuck Peter Franz Appianis und die in hellen Farben leuchtenden Fresken Cosmas Damian Asams ineinander über. Dem Maler standen leider nur recht beengte Flächen zur Verfügung. Das Programm der Deckenmalereien ist im Langhaus ganz auf die Christus-Nachfolge Berndhards von Clairvaux in Kombination mit den kirchlichen Hochfesten abgestimmt, begleitet von Visionen weiterer Heiliger der Zisterzienser und anderer Orden.
In den Deckengemälden des Chorraums wird die Gründung Fürstenfelds als vom Himmel bestimmt verklärt. Neben dem Chorgestühl der Mönche verweisen die vier äußerst eleganten Oratorien auf die zeitweise zusätzliche Funktion der Klosterals Hofkirche. Auch die Emporen des Langhauses sind als Logen gestaltet. Höhepunkt der Ausstattung ist der 1760 entstandene Hochaltar, der sich effektvoll um die Fenster gruppiert. Das Motiv der Himmelfahrt Mariens im Altarbild von Johann Nepomuk Schöpf wird aufgenommen von Christus und Gottvater in der Himmelsgloriole, die die Gottesmutter schon erwarten. Die äußerst qualitätvollen Figuren schuf Franz Xaver Schmädl, während der Gesamtentwurf wohl auf Egid Quirin Asam zurückgeht. Dieser gestaltete auch die beiden bedeutendsten Seitenaltäre des Langhauses in der jeweils zweiten Kapelle von Osten. Die Brüder Asam hatten besondere Verbindungen zu Fürstenfeld, da ihr Vater mehrere Jahre hier gelebt und gearbeitet hatte und ein Bruder der beiden in das Kloster eingetreten war.
Fürstenfeld bewahrt noch eine der dank ihres guten Erhaltungszustandes und Klanges bedeutendsten Barockorgeln Bayerns. 1736 konnte das Werk des Orgelbauers Johann Fux aus Donauwörth mit 27 Registern auf zwei Manualen und Pedal erklingen, das noch größere Teile der frühbarocken Lettnerorgel enthält.
An die bedeutende mittelalterliche Geschichte der Abtei erinnern zwei Marienfiguren in der Kirche: Die Steinfigur war angeblich ein Geschenk Kaiser Ludwigs des Bayern, während die holzgeschnitzte Madonna mit der Traube an die Pracht des verloren gegangenen spätgotischen Hochaltares erinnert.

Öffnungszeiten:
Kirche So. und Fei. 13.30 Uhr bis Einbruch der Dunkelheit bzw. Beginn der Abendmesse, an Werktagen nur Vorhalle bis Gitter zugänglich
Die Klostergebäude sind nicht zugänglich
Stadtmuseum in der ehem. Klosterbrauerei (Schwerpunkt Kloster) Di.–Sa. 13.00–17.00 Uhr, So. und Fei. 11.00–17.00 Uhr
Info:
Pfarramt St. Magdalena (Führungen), Tel.: 08141/5016-0
Stadtmuseum, Tel.: 08141/44046
www.kloster-fuerstenfeld.de
www.fuerstenfeld.de

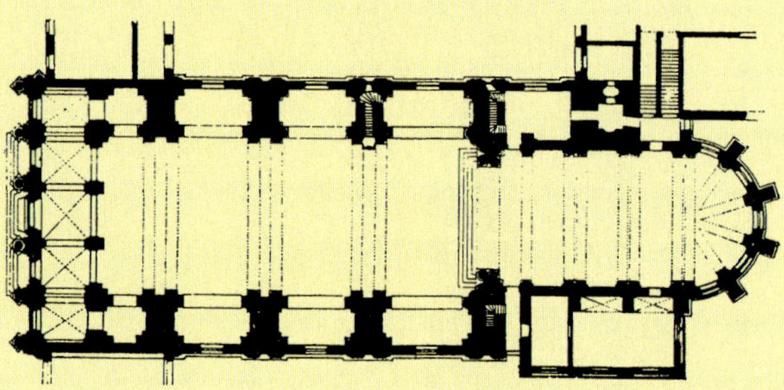

Heilige Verwandtschaft
Augustiner-Chorherrenstift Dießen

Am Ufer des Ammersees erhebt sich stolz das Marienmünster von Stift Dießen. Es ist ein Musterbeispiel für die kongeniale Zusammenarbeit eines kunstsinnigen, erfolgreichen Abtes und eines exquisiten Teams führender Augsburger und Münchner Künstler. Zusammen wandelten sie einen vorhandenen, etwas faden Rohbau in ein aufregendes Gesamtkunstwerk des bayerischen Spätbarock um. Der großartige Raumeindruck gleicht weniger dem einer Kirche als vielmehr einem Thronsaal Gottes.

Die Stuckfiguren der Kirchenväter am Hochaltar imitieren die Wirkung von Marmor

Aus der Geschichte des Klosters

Stift Dießen ist untrennbar mit der Geschichte der Grafen und späteren Herzöge von Andechs-Meranien verbunden, die ihren ersten Stammsitz auf dem nahen Burgberg hatten. In dessen Nähe gründete ein Mitglied der Familie, der sel. Rathard, im frühen 9. Jh. eine Georgskirche mit einer Priestergemeinschaft. Nach den Zerstörungen durch die Ungarneinfälle im 10. Jh. erweckte Gräfin Kunissa Anfang des 11. Jh. das Kloster zu neuem Leben und gründete angeblich ein Frauenkloster mit einer dem hl. Stephan geweihten Kirche. Gesicherten Boden bringt erst 1132 die päpstliche Bestätigung eines Augustiner-Chorherrenstiftes, das Graf Berthold II. am heutigen Ort eingerichtet hatte. Aus dem Reformstift Rottenbuch erbat er sich den ersten Propst Hartwig, um die dortigen Gewohnheiten auch in Dießen einzuführen.

Die Weihe der Klosterkirche 1182 bildet wohl den Abschluss der Gründungsphase. Mittlerweile hatten die Grafen ihren Stammsitz in Dießen zugunsten von Burg Andechs aufgegeben, nach der sie sich nun benannten. Das Geschlecht der Andechs-Meranier erlebte durch seine Treue zu den Staufern einen rasanten Aufstieg. Den Gipfelpunkt seiner Machtstellung erlebte es unter Berthold IV., der vom Kaiser den Herzogstitel verliehen bekam. Seine Töchter heirateten in die führenden Familien Europas ein: Tochter

Die Kirchenfassade Johann Michael Fischers ist von vornehmer Wirkung

Das Langhaus erscheint mit seinen gestaffelten Altären wie ein tiefer Bühnenraum; selbst der Hochaltar kann in eine barocke Bühne verwandelt werden, hier mit einem Himmelfahrts-Christus anstelle des Altarbildes

Das große Langhausfresko Bergmüllers verherrlicht sowohl die Gründung des Stiftes als auch die Einkleidung der hl. Mechthild

Hauskloster

Im Mittelalter dokumentierte sich der Aufstieg einer Adelsfamilie nicht nur im repräsentativen Ausbau einer Stammburg, sondern auch in der Gründung eines Hausklosters. Hier ließen sich deren Mitglieder bevorzugt begraben und traten oft selbst ein. Der Konvent war zu regelmäßigen Gebeten und Jahrgedächtnissen für die Stifterfamilie verpflichtet, die, da man nicht mit der Auflösung des Klosters rechnete, ewig währen sollten. Meistens behielt sich die Familie die Vogtei vor, wodurch sie ihren Herrschaftsbereich weiter ausdehnen konnte.

Waren Hausklöster anfänglich reine Gründungen des Hochadels, gelang dies im 12. und 13. Jh. auch dem niederen Adel. Die damals neuen Gemeinschaften der Zisterzienser und Bettelorden benötigten aufgrund ihrer besonderen Wirtschaftsstruktur weitaus weniger materielle Grundausstattung, sodass sich nun auch Ministeriale eine Klosterstiftung leisten konnten. Nur so erklärt sich der rasante Anstieg der Gründungen in dieser Zeit.

Klöster wurden zu den beliebtesten Bestattungsorten des Mittelalters für diejenigen, die es sich leisten konnten. Zur Abhaltung der Jahrgedächtnisse wurden größere Summen gestiftet, oft noch durch Vermächtnisse der klösterliche Speiseplan an diesem Tag etwas üppiger gestaltet. So hoffte man, besonders gut im Gedächtnis der Mönche und Nonnen haften zu bleiben. Wichtigste Motivation für diesen Aufwand war die Vorstellung, dass durch das ewige Totengedächtnis des Konventes das eigene Seelenheil auch nach dem Tod gerettet bzw. die Aufenthaltsdauer im Fegefeuer verkürzt werden konnte. Bestattungsort waren daher Kirche und Kreuzgang, da man glaubte, dass die Toten an den Segenswirkungen der täglichen Gebetszeiten und Messen teilhaben.

Agnes König Philipp II. von Frankreich, Hedwig, die spätere Heilige, den Herzog Heinrich I. von Schlesien und Gertrud König Andreas von Ungarn. Letztere ist die Mutter der hl. Elisabeth von Thüringen. Die Söhne Bertholds wurden Kirchenfürsten: Ekbert Bischof in Bamberg und Berthold Patriarch von Aquileja. Sohn Otto heiratete in die Stauferfamilie ein und erhielt mit Beatrix die Hand der Erbin der Grafschaft Burgund. Bei der Hochzeit 1208 in Bamberg ermordete Otto von Wittelsbach König Philipp. Diese Katastrophe leitete den raschen Niedergang der Andechs-Meranier ein, da man sie der Mittäterschaft bezichtigte. Schon 1248 starb das Geschlecht aus. Die Wittelsbacher traten das große Erbe an.
Stift Dießen hatte damit seine wichtigsten Förderer verloren, hielt aber das Andenken der Stifterfamilie immer in Ehren. Ende des 13. Jh. lag es wirtschaftlich und religiös schon am Boden, wurde aber durch Mathilde, Mutter Kaiser Ludwig des Bayern, mit Hilfe eines weltlichen Verwalters wieder saniert. Nach der Mitte des 14. Jh. erlosch der Frauenkonvent. Durch Herzog Albrecht III., der Kloster Andechs stiftete, kamen Augustiner-Chorherren aus dem erneuerten Stift Indersdorf nach Dießen, um auch hier erfolgreich zu reformieren. Vor allem der Eigenbesitz der Chorherren wurde abgeschafft. Propst Simon Werle (1611–1648) versuchte sogar, den Chorherren ein Leben wie das der Kartäuser zu verordnen, was er aber nicht durchsetzen konnte.
Ende des 17. Jh. reorganisierten fähige Propste die Wirtschaft erfolgreich und schufen so die finanziellen Grundlagen für den dringend notwenigen Neubau des Stiftes. 1681–1688 errichtete der Vorarlberger Baumeister Michael Thumb die neuen Konventgebäude. Propst Ivo Bader (1719–1728) konnte in seiner Amtszeit die Kirche im Rohbau vollenden. Sein Nachfolger, Propst Herculan Karg (1728–1755), ein kunsterfahrener und sehr gebildeter Mann, erkannte sofort, dass das Kirchengebäude allzu konventionell ausgefallen war. Daher berief er Johann Michael Fischer als Baumeister und bereiste mit ihm verschiedene neue Kirchenbauten in Bayern, um in Dießen höchste Ansprüche zu verwirklichen. 1732 ließ er die Bauarbeiten wieder aufnehmen, die bis zur prunkvollen Weihe 1739 abgeschlossen waren.
Unter Propst Karg und seinem Nachfolger Bertold Wolf (1755–1799) erreichte Dießen seine höchste intellektuelle Blüte. Da die Chorherren zudem alle ein Instrument spielten, entfaltete sich zusammen mit der hauseigenen Knabensingschule ein reiches musikalisches Leben, das die Pracht der Liturgie in der neuen Kirche noch steigerte. 1803 löschte die Säkularisation dieses Kulturzentrum am Ammersee für immer aus.

Rundgang durch das Kloster

Schon die Kirchenfassade Fischers, die ursprünglich durch einen weiten Wirtschaftshof eingefasst war, ist in ihrer leichten Beschwingtheit von edelster Wirkung. In vornehmem Grau-Weiß gehalten erreicht sie mit einem Minimum an architektonischen Mitteln größtmögliche Wirkung. Nach Durchschreiten der dunkleren Vorhalle weitet sich ein grandioser Saalraum in gewaltigen Abmessungen. Fischer gelang der Kunstgriff, den vorgegebenen Rohbau einer starren Wandpfeilerkirche entscheidend zu beleben. So verzichtete er auf Emporen zugunsten eines hochstrebenden Raumeindrucks, zu dem die gekurvten Gewölbeabschlüsse der raumhohen Seitenkapellen beitragen. Pilaster mit hohem Gebälk im Langhaus und Dreiviertelsäulen in Stuckmarmor unter der Chorkuppel tragen zum monumentalen Raumeindruck bei. Ein feiner Rhythmus entsteht, in den Fresken und Altäre einstimmen. Das durch große Fenster reichlich einfallende Licht wird durch den weißen Grundton verstärkt, indem die golden-honigfarbenen Altäre kostbare Akzente setzen. Wie bei einer tiefen Bühne staffeln sich diese an den Wandpfeilern und nehmen an Aufwand zum Hochaltar zu.

Propst Karg wollte auch für die Ausstattung nur das Beste. Deshalb holte er führende Kräfte wie Joachim Dietrich, Aegid Verhelst und Johann Baptist Straub nach Dießen, die wohl nach Entwürfen von François Cuvilliés arbeiteten. Besonders hervorzuheben ist das zweite Altarpaar von Westen. Auf einen mächtigen Altaraufbau wurde zugunsten eines Rahmens mit lockerer Draperie verzichtet. Beide Altäre enthalten zudem die kostbarsten Gemälde der Kirche, die Propst Karg in Venedig kaufen ließ: links die Steinigung des hl. Stephanus von Giovanni Battista Pittoni, rechts das Martyrium des hl. Sebastian von Giovanni Battista Tiepolo. Auf den beiden folgenden Altären sind in gläsernen Schreinen die kunstvoll verzierten Gebeine des ersten Klostergründers Rathard und der hl. Mechthild zu sehen. Überwältigend ist der raumabschließende Hochaltar! Nach dem Vorbild der Kathedra Petri im Petersdom in Rom umstehen die überlebensgroßen, porzellanartig weißen Figuren der vier Kirchenväter mit großem Pathos den Altartisch samt

Als Hauskloster der Grafen und Herzöge von Andechs-Meranien verherrlichte das Stift dessen zahlreiche Heilige im Fresko der Chorkuppel

Augustiner-Chorherren

Die Kirchenreform des 11. Jh., die der Verweltlichung des Klerus entgegentreten wollte, erfasste auch die Kanoniker (Stiftsherren). Deren freies Leben mit Eigenbesitz führte immer wieder zu Missständen. Daher entwickelte sich die Idee, auch Stifte einer Regel zu unterwerfen und die persönliche Armut wie in Klöstern einzuführen. Ziel war ein gemeinschaftliches Leben nach dem Vorbild der Urgemeinde in Jerusalem und der Apostel. Kerngedanke war nicht das auf Selbstheiligung bezogene Leben der Mönche, sondern intensive Seelsorge.
So entstanden regulierte Chorherrenstifte, die die Augustinus-Regel annahmen. Die neuen Stifte wurden immer sowohl für eine Männer- als auch eine Frauengemeinschaft angelegt, um so dem verstärkten religiösen Aufbruch der Damen eine Wirkungsstätte und Betreuung zu geben.
Einzelne Augustiner-Chorherrenstifte wie Klosterrath, Springiersbach und Rottenbuch ragten als Reformzentren besonders hervor. Letzteres, 1073 durch Herzog Welf IV. gegründet, wurde für die Kanonikerreform in Bayern bedeutsam. Da es von der Augustinus-Regel zwei unterschiedliche strenge Überlieferungen gab, teilte sich um 1120 die Reformbewegung in zwei Gruppen.

Tabernakel. Die Auffahrt Mariens in den Himmel auf dem Altargemälde wird plastisch fortgesetzt in der Dreieinigkeit unter hohem Baldachin. Wie auf einer Bühne ist der mächtige Hochaltar in die Tiefe gestaffelt. Das Altarblatt kann versenkt werden. Der Hochaltar wird dann tatsächlich zum Theatrum Sacrum, auf dem die kirchlichen Hochfeste in einer Kulisse plastisch dargestellt werden.
Für die Deckenfresken, die von den Stuckaturen Johann Michaels und Franz Xaver Feichtmayrs sowie Johann Georg Üblhers gerahmt werden, gewann Propst Karg den Augsburger Akademiedirektor Johann Georg Bergmüller. In Dießen schuf er zusammen mit seinen Schülern in nur zwei Sommern sein Hauptwerk. Thema ist die Sichtbarwerdung des göttlichen Heilsplans in den zahlreichen Heiligen der Andechs-Meranier und ihrer Gründung Dießen. Das große Hauptbild zeigt in kühner Untersicht und kräftigen Farben nach Westen hin die Übergabe der hl. Mechthild als Kind in das Dießener Frauenkloster. Nach Osten hin wird die Gründungsbestätigung durch Papst Innozenz II. unter dem Schutz Mariens verherrlicht. Von zentraler Bedeutung für das theologische Konzept ist die Kuppelausmalung, die laut Umschrift die Heiligen der Andechs-Meranier in himmlischer Herrlichkeit zeigt.
Propst Karg verlegte das Chorgestühl auf die Orgelempore, da für ihn das musikalische Zusammenwirken so besser umgesetzt werden konnte. Unter dem Chorquadrat, dem eigentlich üblichen Gebetsort der Chorherren, ließ er die Gruft anlegen, sodass die toten Mitglieder der Gemeinschaft gleichsam ewiges Chorgebet halten. Besser kann man die Wirkung der Dießener Kirche nicht beschreiben als mit dem Titel der Einweihungspredigt von 1739: »Der neue Himmel zu Diessen«.

Öffnungszeiten:
Kirche tagsüber geöffnet
Info:
Kath. Pfarramt, Tel.: 08807/948940
www.diessen.de

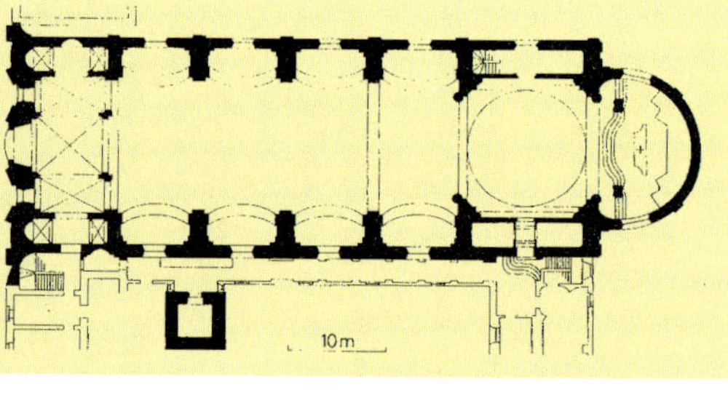

Konkurs für den Wunderheiland
Prämonstratenser-Chorherrenstift Steingaden und Wallfahrtskirche in der Wies

Allein schon als Welfen-Gründung kann Steingaden einen besonderen Rang beanspruchen. Die Barockisierung der romanischen Abteikirche war gleichsam ein Probelauf für jenes Unternehmen, das Steingaden für immer einen Platz in der europäischen Kunstgeschichte sichern sollte, dem Bau der Wallfahrtskirche in der Wies. Dass sich das Kloster für die Wies finanziell ruinierte, scheint angesichts des einzigartigen Ergebnisses (UNESCO-Weltkulturerbe!) mehr als akzeptabel.

Zum 600-jährigen Jubiläum leisteten sich die Chorherren eine exquisite Innendekoration der romanischen Kirche

Aus der Geschichte des Klosters

Steingaden gehört zu den zahlreichen Klostergründungen der Welfen, neben den Staufern die führende Familie des 12. und frühen 13. Jh. in Deutschland. 1147 stiftete Herzog Welf VI. vor seiner Teilnahme am Kreuzzug ein Prämonstratenserkloster, dessen Gründungskonvent aus dem württembergischen Rot an der Rot stammte. In Steingaden ließ er sich 1191 an der Seite seines einzigen Sohnes Welf VII. bestatten.

Steingaden war, wie alle Gründungen des Prämonstratenserordens, zunächst ein Doppelkloster, doch mussten Ende des 13. Jh. die Nonnen weichen. Steingaden war reichsfrei und nur für adelige Männer reserviert. Wie in so vielen Klöstern verschlechterte sich im 14. Jh. rapide die wirtschaftliche Situation, gepaart mit innerem Verfall. Im Jahre 1400 lebte daher nur noch ein einziger Chorherr in Steingaden. 1425 verzichtete Propst Johann Sürg von Sürgenstein auf die Reichsfreiheit und unterstellte das Kloster dem Schutz der bayerischen Herzöge, die sich für eine Reform einsetzten. Zeichen der Erneuerung ist der spätgotische Umbau der vernachlässigten Gebäude. 1525 entlud sich der aufgestaute Hass der Bauern gegen die Herrschaftsverhältnisse auch über Steingaden, doch war der Konvent rasch wieder gefestigt und das Kloster stand in bestem Ruf.

Eine Katastrophe bedeutete der 1646 im Dreißigjährigen Krieg von den Franzosen gelegte Brand, dem die mittelalterliche Bibliothek zum Opfer fiel. Dank fähiger Äbte gelang auch hier der Wiederaufbau von Kloster und Wirtschaft. 1661 konnte sogar die in der Reformation aufgelöste Prämonstratenserabtei Speinshart in der rekatholisierten Oberpfalz neu besiedelt und finanziell unterstützt werden. Das 18. Jh. führte Steingaden zu seiner höchsten Blüte, aber auch an den wirtschaftlichen Abgrund. Zunächst wurde die Kasse des nicht allzu wohlhabenden Klosters durch die von Abt Anton Erath von Erathsberg geführten Prozesse um die Wie-

Die Steingadener Kirche gehört zu den wenigen Sakralbauten Oberbayerns, die im 18. Jh. nicht durch einen Neubau ersetzt wurden

Prämonstratenser

Gründungsvater dieses Ordens war der hl. Norbert von Xanten (um 1080/85–1134). Seine hochadeligen Eltern wollten ihren nachgeborenen Sohn versorgt wissen und verschafften ihm daher eine Kanonikerstelle im reichen Xantener Stift St. Viktor. Als Hofkaplan Kaiser Heinrichs V. hätten ihm alle Möglichkeiten einer steilen Kirchenkarriere offen gestanden. Norbert geriet aber in den Sog der Kirchenreform, die sich seit dem 11. Jh. weit verbreitet hatte. Nicht nur Klöster, sondern auch Stifte suchten Wege zur Erneuerung ihrers Lebens.

Norbert stieß in Xanten mit seinen Reformideen aber auf Ablehnung, sodass er als Wanderprediger durch Nordfrankreich zog. Da sich ihm immer mehr Männer und Frauen anschlossen, konnte ihn der Bischof von Laon überreden, seiner Gemeinschaft eine feste Wohnstätte zu geben. So entstand im nahen Waldtal von Prémontré das namensgebende Doppelkloster. Hier begannen Männer und Frauen ein neues Leben nach dem Vorbild der Urgemeinde und nach der älteren, strengeren Augustinerregel. Da Norbert weiterhin als Wanderprediger tätig war, gründete er noch andere Klöster. Diese ließ er dem Mutterkloster unterstellen, sodass alle einen überörtlichen, gemeinsamen Konvent bildeten. Die Prämonstratenser versuchten, das Ideal der Selbstheiligung des Mönchtums mit dem nach außen gerichteten Leben eines Klerikers zu verbinden. Das gemeinsame asketische Leben nach dem Vorbild der Urgemeinde und die Verbreitung des Glaubens nach dem Vorbild der Apostel war das erklärte Ziel. Da die Kleriker gemeinschaftlich nach einer Regel lebten, bezeichnet man Prämonstratenserklöster als regulierte Chorherrenstifte. Die Chorherren betreuten als Priester die ihnen unterstellten Pfarreien, sodass sie zeitweise außerhalb der Abtei in den jeweiligen Pfarrhäusern wohnten.

Die Berufung Norberts zum Erzbischof von Magdeburg 1126 stürzte die Gemeinschaft in eine Krise. Hugo von Fosses, ein Schüler Norberts, übernahm den zentralistischen Aufbau des jungen Zisterzienserordens einschließlich des Filiationsprinzips, um die Einheitlichkeit der Reformideale zu wahren. Das jährliche Generalkapitel trat in Prémontré zusammen. Schon nach wenigen Jahrzehnten lösten fast alle Prämonstratenser die ihnen angeschlossenen Frauenkonvente wieder auf bzw. siedelten sie um. Die angeführten Gründe würden wir modern als »frauenfeindlich« bezeichnen.

derherstellung der Reichsfreiheit arg strapaziert. Zur 600-Jahr-Feier 1747 gönnten sich die Prämonstratenser einen anspruchsvollen Umbau ihrer Klosterkirche (1740/51), der 100 000 Gulden Schulden hinterließ. Der Bau der Wallfahrtskirche auf der Wies 1745–1759, deren Kosten, mit 39 000 Gulden veranschlagt, letztendlich 180 000 Gulden betrugen, trieb die Abtei in den finanziellen Ruin. Trotzdem pflegten die Chorherren einen aufwendigen Lebensstil. Der Rücktritt des verantwortlichen Abtes änderte wenig. 1784 war die Situation so verfahren, dass Steingaden beim Kurfürsten vergeblich um Auflösung bat. Dem letzten Abt Gilbert Michl, der seit 1786 amtierte, gelang in wenigen Jahren bis zur Auflösung 1803 dennoch eine Sanierung der Klosterfinanzen. Während die Abteikirche und der Westflügel der Konventgebäude nach der Säkularisation durch die Pfarrei gerettet werden konnten, fielen die übrigen Bauten 1819 dem Abbruch zum Opfer. Die Wieskirche bewahrten allein die umwohnenden Bauern vor der Zerstörung, bis endlich 1846 der Staat die Baulast übernahm.

Rundgang durch das Kloster

Die 1176 geweihte romanische Abteikirche Steingadens ist fast vollständig erhalten, ein seltener Fall unter den bayerischen Klöstern! Hinter der spätgotischen Vorhalle ragt die Doppelturmfassade der dreischiffigen Basilika auf, die nach dem alpenländischen Schema kein Querhaus besitzt. Während die Vorhalle mit den Fresken eines Welfen-Stammbaumes und dem romanischen Portal noch ganz einen mittelalterlichen Eindruck vermittelt, überrascht das Innere durch barocke Prachtentfaltung. Chor und Seitenschiffe zeigen seit 1663 frühen Wessobrunner Stuck, der flach und geometrisch der Architektur folgt. Damals entstanden auch Hochaltar und die beiden Pfeileraltäre im Langhaus. Ein frühes Werk der Renaissance ist das 1534 datierte Chorgestühl. In seiner strengen und sparsamen Gliederung, die durch ein reizvolles Ornamentband belebt wird, passt es gut zum frühbarocken Stuck und wurde daher von den Chorherren beibehalten.

Das Mittelschiff erhielt 1740–1751 seine Ausschmückung, die allein schon jeden Umweg nach Steingaden lohnt! Der Stuckateur Franz Xaver Schmuzer und der Augsburger Akademiedirektor Johann Georg Bergmüller, der hier neben Dießen den Gipfel seiner

Anton Sturm schuf 1747 die Kanzel der Klosterkirche Steingaden, ein Hauptwerk bayrischen Rokokos

Noch mittelalterlich geprägt ist die Vorhalle mit ihrem romanischen Portal und gotischen Wandmalereien

Ein Flügel des romanischen Kreuzgangs hat die Zerstörungen des frühen 19. Jh. überstanden

Freskenkunst erreichte, verwandelten den starren romanischen Raum in ein Monument göttlicher Heilsgewissheit. Die architektonischen Grenzen, die der frühbarocke Stuck noch einhält, werden hier aufgehoben. Die fantasievoll ausgebrochenen Fenster lassen reichlich Licht auf die großartigen Fresken Bergmüllers an den Wänden und den hölzernen Flachkuppeln fallen. Reich bewegter Stuck umzüngelt Architektur und Bilder. In den Zwickeln der Gewölbe lassen Spiegel illusionistisch die Raumgrenzen verschwimmen. Das Bildprogramm verherrlicht Klosterstiftung, Ordensgründer und Prämonstratenserheilige.

Ein wahres Kabinettstück bayerischen Rokokos ist die Kanzel. Der Bildhauer Anton Sturm aus Füssen schuf hier um 1747 einen fast ganz in Ornamentformen aufgelösten Aufbau. Zusammen mit seinem gegenüber angebrachten Gnadenstuhl entstand so eine Zentrierung des neu gestalteten Mittelschiffes. An den beiden folgenden Pfeilern leistete sich die Abtei zwei Epitaphien für Welf VI. und Welf VII. vom Münchner Hofbildhauer Johann Baptist Straub. Wunderbar eingepasst in die luftige Gesamterscheinung des Mittelschiffes ist die durchbrochene, leicht geschwungene Empore, die vor dem Westfenster den schönen Orgelprospekt trägt.

In die Anfangszeit Steingadens führt der romanische Westflügel des Kreuzgangs mit Brunnenhaus, die in der Spätgotik ihr reiches Gewölbe erhielten. Hinter dem Durchgang am Torwärterhaus erhebt sich die Johanneskapelle. Den romanischen Rundbau ließ wohl Welf VI. in Erinnerung an die Grabeskirche in Jerusalem und seine Teilnahme am Kreuzzug errichten.

Klöster und Wallfahrten

Klöster gehörten zu den besonderen Förderern von Wallfahrten, besonders in der Barockzeit. So entstanden unter höchster finanzieller Anspannung des eigenen Vermögens prachtvolle Bauwerke zur Ehre Gottes. Zum einen waren einige Klöster selbst berühmte Wallfahrtsziele wie z. B. Zwiefalten und Ettal (jeweils Gnadenbild Mariens), Weingarten (Blut Christi), Andechs (Reliquienschatz), Frauenchiemsee (Irmgard), St. Walburga in Eichstätt, St. Ulrich und Afra in Augsburg, St. Emmeram in Regensburg. Zum anderen betreuten und förderten sie Gnadenstätten in ihren Ländereien. Dieser Aufgabe maßen einige Klöster eine solch große Bedeutung bei, dass als Wallfahrtskirchen von ihnen Bauwerke errichtet wurden, die zu den berühmtesten Schöpfungen des Barock und Rokoko gehören. Hierzu zählen das von der Prämonstratenserabtei Schussenried errichtete Steinhausen sowie die von den Zisterzienserklöstern Langheim und Salem großartig in Szene gesetzten Gnadenstätten in Vierzehnheiligen und Birnau. Alle überstrahlt aber die Wieskirche. Der äußere Glanz diente zur Bekehrung der Gläubigen mit den Mitteln der Kunst, aber auch ein wenig zum eigenen Ruhm innerhalb der Konkurrenz der Wallfahrtsorte.

Wer den einzigartigen Zusammenklang oberbayerischer Naturschönheit und barocker Himmelsgewissheit erfahren möchte sollte sich einen Spaziergang vom Kloster Steingaden zur *Wallfahrtskirche in der Wies* gönnen. Wie ein Pilger vergangener Zeiten erlebt man durch die langsame Annährung die Eingebundenheit der Wies in die schöne Voralpenlandschaft und bekommt noch eine Ahnung, was den Barockmenschen beim Eintritt in dieses Raum- und Lichtwunder überkommen haben mag.

Das Gnadenbild des Gegeißelten Heilands, das im Zentrum des Hochaltares steht, war vom Kloster Steingaden 1732 für die kurz zuvor eingeführte Karfreitagsprozession aus älteren Teilen recht grob zusammengesetzt worden. Schon zwei Jahre später ließ die Abtei die Figur wegen ihres ärmlichen Aussehens ausrangieren und in die Rumpelkammer wandern. Von dort kam sie an den Klosterwirt und schließlich an dessen Verwandte Maria Lori. Die Bäuerin stellte sie im Schlafzimmer ihres Hofes in der Wies auf, wo sie einige Wochen später Tränen an der Figur feststellte. Dieses Wunder verbreitete sich wie ein Lauffeuer und zog immer mehr Wallfahrer an, sodass Kloster Steingaden reagieren musste. 1739 ließ die Abtei die noch heute stehende Kapelle errichten, die aber dem gewaltigen Ansturm nicht gewachsen war. Abt Hyacinth Gassner (1729–1745), Wirtssohn aus Balzhausen, plante nun Großes. Von der Prämonstratenserabtei Schussenried wurden ihm die Brüder Dominikus und Johann Baptist Zimmermann empfohlen, die gemeinsam die wunderbare Wallfahrtskirche des Klosters in Steinhausen geschaffen hatten. 1743 legte Dominikus Zimmermann einen ersten Plan vor. Mitten in den Wirren des Österreichischen Erbfolgekrieges ließ Abt Hyacinth im Herbst 1744 mit dem Bau beginnen, ohne die Genehmigung der staatlichen und kirchlichen Behörden abzuwarten. Da sich Abt Marianus II. Mayr (1745–1772) nicht sicher war, ob der Zuspruch zur Wallfahrt nicht so plötzlich enden sollte wie er entstanden war, ließ er von Zimmermann den Chor so planen, dass er auch allein als Kirche vollendet werden könnte. Doch seine Sorgen waren unbegründet. An der feierlichen Übertragung 1749 in den vollständig ausgestatteten Chor nahmen wohl 12 000 bis 15 000 Gläubige teil. Seitlich des Chores wurden zwei Wohngebäude für die Wallfahrtspriester aus Steingaden, für vornehme Gäste und als Sommerhaus der Abtei errichtet.

1754 erfolgte die Schlussweihe des Gesamtbaus, dessen Ausstattung sich noch bis 1759 hinzog. Nach Vollendung der Kirche lebte Dominikus Zimmermann mit

Die Errichtung der großartigen Wallfahrtskirche in der Wies war der finanzielle Ruin des Stiftes Steingaden

seinem Sohn, der die verwitwete Maria Lori geheiratet hatte, in einem Haus zu Füßen seines Meisterwerkes bis zu seinem Tod 1766. Der Kerngedanke eines ovalen Lichtraums, der schon in seinen Schöpfungen der Frauenkirche in Günzburg und der Wallfahrtskirche Steinhausen herangereift war, wurde von Zimmermann in der Wieskirche zur Vollendung geführt. Die Grenzen der Architektur scheinen zugunsten schwerelosen, durchlichteten Ornamentes aufgelöst. Wie eine tiefe Bühne heiligen Geschehens schließt sich dem Zentralraum für die Wallfahrer der rechteckige Chor an, der in seiner Pracht deutlich gesteigert ist. Kostbare Stuckmarmorsäulen und dünne Pfeiler verschleiern die reich durchfensterten Wände zugunsten eines zweischaligen Aufbaus.
Johann Baptist Zimmermann löste mit seinen äußerst bewegten Stuckaturen die Architektur nach oben hin auf, wo sich der von ihm gemalte Himmel öffnet. Das Programm seiner Fresken ist ganz auf die Erlösung abgestimmt. Im Umgang des Zentralraumes erscheinen über den Beichtstühlen als Vorbilder reuige Sünder, während das Hauptfresko vom drohenden Jüngsten Gericht kündet. Der Thron des Richters, der ähnlich dem Hochaltar gestaltet ist, ist noch leer und die Pforte zur Ewigkeit über dem Hauptportal der Kirche noch geschlossen. Noch ist Zeit zur Umkehr, mahnt eindringlich der von den Steingadener Patres vorgegebene Grundgedanke.

Öffnungszeiten:
Wieskirche, Klosterkirche Steingaden, Johanneskapelle und Kreuzgang täglich geöffnet
Info:
Kath. Pfarramt, Tel.: 08862/234
www.praemonstratenser.de
www.wieskirche.de

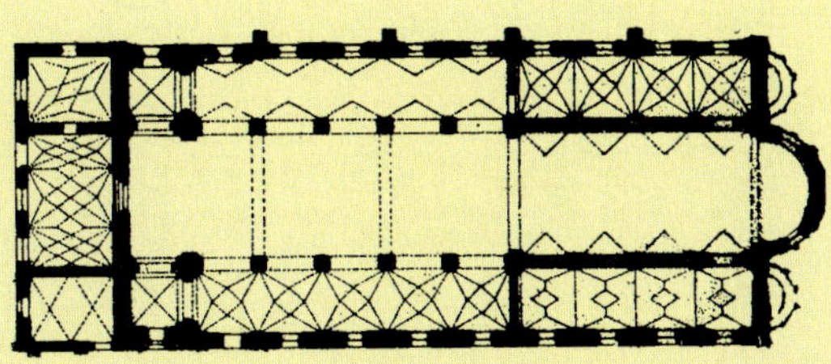

Erbettelter Wohlstand
Dominikaner-, Dominikanerinnen- und Franziskanerkloster in Regensburg

Betrachtet man Regensburg von den Winzerer Höhen, ragen aus der großartigen Altstadtkulisse wie zwei riesige Schiffe die lang gestreckten Dächer der Dominikaner- und Franziskanerkirche. Nicht nur die beiden gotischen Kirchen, sondern auch die Klosteranlagen sind fast vollständig vorhanden. Im Dominikanerinnenkloster Heilig Kreuz erklingt seit über 750 Jahren ununterbrochen das Gotteslob.

Vollständig erhalten ist der mittelalterliche Kreuzgang des Dominikanerklosters

Aus der Geschichte der Klöster

Regensburg besaß als mittelalterliche Großstadt nicht nur eine Dominikaner- und Franziskanerniederlassung, die jeweils auch ein Frauenkloster ihres Ordens betreuten, sondern auch zwei Klöster der beiden anderen Bettelorden, der Augustinereremiten und der Karmeliten.
Das Regensburger *Franziskanerkloster* gehört zu den ältesten Häusern dieses Ordens in Deutschland. Schon mit der ersten, noch vom hl. Franziskus veranlassten Gründungswelle kamen 1221 Minoriten unter Joseph von Treviso in die reiche Handelsstadt, siedelten aber zunächst in Donaustauf. 1226, im Todesjahr des hl. Franziskus, schenkte ihnen der Regensburger Bischof Konrad IV. die Salvator-Kapelle und einen Hof im östlichen Stadtbereich. Das große Wohlwollen, das den Franziskanern entgegengebracht wurde, zeigt sich vor allem in den reichen Schenkungen der bayerischen Herzöge, König Heinrichs (VII.) sowie der Grafen von Bogen. Bis zum Ende des 13. Jh. war der Gründungsvorgang abgeschlossen und ein Areal vorhanden, das mit dem größten deutschen Kloster des Ordens bebaut wurde. Neben die bischöflichen und herzoglichen Ministerialen traten zunehmend Regensburger Ratsfamilien als Wohltäter. Die Minoritenkirche und der zugehörige Kreuzgang wurden zu beliebten Bestattungsorten dieser gehobenen Schicht, die reiche Jahrgedächtnisse stifteten. Im Spätmittelalter wurde die Minoritenkirche zum geistlichen Mittelpunkt zahlreicher Handwerker-Bruderschaften.
Unter den Mönchen ragt besonders die Gestalt Bertholds von Regensburg (um 1210–1272) heraus. Er gehörte zu den erfolgreichsten Volkspredigern des Mittelalters, der Tausende in seinen Bann zog.
Die Minoriten engagierten sich sehr in der Frauenseelsorge. Schon 1246 wurde ihnen die geistliche Betreuung in den beiden reichsfreien Damenstiften Ober- und Niedermünster anvertraut. Die Magdalenerinnen in der Nähe ihres Klosters bewegten sie zum Übertritt in ihren Orden.
Mit dem Übertritt der Reichsstadt zur Reformation 1542 mussten die Franziskaner ihr Kloster zwei Jahre später dem Rat übergeben. Erst 1551 konnte das klösterliche Leben nach dem Augsburger Interim wieder aufgenommen werden. Seit 1800 diente schon ein Teil des Klosters militärischen Zwecken, bis 1810 mit der Übernahme der Stadt durch Bayern die Klosterzeit endgültig endete. Seit 1931 finden Kirche und Konventgebäude als städtisches Museum wieder eine passende Verwendung.

1229 führte Bischof Sigfried die *Dominikaner* in Regensburg ein und übergab ihnen die Blasiuskirche. So entstand die älteste Niederlassung des Predigerordens in Bayern und die sechste in ganz Deutschland. Gerade in den ersten Jahrzehnten besaß das Kloster große Bedeutung. So wirkte hier ab 1237 zwei Jahre Albertus Magnus als Lektor an der Ordensschule. 1260–1262 kehrte er wieder nach Regensburg zurück, nun allerdings als Bischof und Krisenmanager für das zerrüttete Bistum. 1255 fand hier das Provinzkapitel statt. Zu dieser Zeit muss zumindest der Chor der Klosterkirche vollendet gewesen sein. Schon 1230 ist ein Ablass für den begonnenen Bau überliefert. Bis in die 1260er Jahre kauften die Mönche ihr Areal für das Kloster zusammen, das in diesen Jahren vollendet wurde. Bei der Kirche trat eine Bauunterbrechung ein, da ein Ablass 1275 für fehlende Gewölbe und Dächer des Langhauses ausgeschrieben wurde. Das Bürgertum machte reiche Schenkungen für das Kloster, das ein begehrter Begräbnisort war. Beginen und Begarden ließen sich von den Dominikanern geistlich betreuen. Der spätmittelalterlichen Krise konnte mit einer Reform 1475 durch Nürnberger Dominikaner erfolgreich begegnet werden. In den Wirren der Reformationszeit floh 1525 Prior Moritz Fürst mit dem Kirchensilber und heiratete die Priorin von Adelsberg. Nachdem Regensburg zur Reformation übergetreten war, beanspruchte der Rat das Langhaus als evangelischen Predigtraum, während die Mönche den Chor weiterhin nutzten. Dieses Provisorium hielt sich bis 1630, als die Mönche der Stadt das Langhaus abkaufen konnten. Einer Blüte im späten 17. bis zur Mitte des 18. Jh. folgte die Aufhebung 1806.

Heilig Kreuz ist in Deutschland die früheste Gründung eines Frauenklosters der Dominikaner und zugleich das älteste noch bestehende. 1233 übergaben wohlhabende Bürger einer Gemeinschaft frommer Frauen einen Bauplatz im Westen der Altstadt. Die Patrizier förderten das Kloster, in das zahlreiche ihrer Angehörigen eintraten. Im 15. Jh. glückte gegen den Widerstand der Nonnen auf Druck der Stadt und des Ordens eine Reform des aufgeweichten Ordenslebens. Durch die Übernahme einer Mädchenschule gelang der äußerst seltene Fall einer Fortsetzung des nicht durch die Säkularisation unterbrochenen Klosterlebens. 1827 sicherte König Ludwig I. den Schwestern ganz offiziell ihre Rechte zu.

Rundgang durch die Klöster

Mit dem Bau der *Minoritenkirche* wurde wohl schon kurz nach der Mitte des 13. Jh. begonnen. Aus dieser Zeit ist noch das in seiner monumentalen Schlichtheit beeindruckende Langhaus erhalten. Gemäß den Ordensvorschriften ist es flach gedeckt, während der um 1340 angefügte Langchor der Mönche gewölbt ist. Der Chor folgt in seiner spannungsvollen Gliederung oberrheinischen Vorbildern. Ursprünglich waren die Fenster mit einer sehr qualitätvollen Farbverglasung versehen, die von reichen Wohltätern gestiftet wurde. Zu dieser Zeit hielten die Franziskaner nicht mehr allzu streng an ihrem baulichen Bescheidenheitsgebot fest. Vor dem Chor sind noch Ansätze des Lettners zu erkennen, der erst im Zuge der nicht mehr vorhandenen barocken Neuausstattung teilweise abgebrochen wurde. Vom Kreuzgang, der 1420/24 eingewölbt wurde, sind noch zwei Flügel vorhanden. In den 1460er Jahren erhielt das Kloster durch bürgerliche Stiftungen zusätzlich einen kleineren Kreuzgang außerhalb der Klausur zur Abhaltung neuer Andachtsformen. Von ihm ist noch ein Flügel vorhanden. Weiterhin sind Speisesaal, Küche, Kapellen, Sakristei und der Schlafsaal der Klosterschüler noch vom mittelalterlichen Baubestand erhalten.

Die *Dominikanerkirche* gehört neben der Esslinger Paulskirche zu den ältesten erhaltenen Bauwerken des Ordens in Deutschland. Die Blasiuskirche konkurriert in ihrer Länge deutlich mit dem gotischen Dom der Stadt. In strenger Schlichtheit entstand eine durchgängig gewölbte Basilika von großartiger Wirkung, deren Choranlage zu den frühesten Bauwerken der Gotik in Bayern zählt. Im nördlichen Nebenchor ist an einem Dienst die namentlich mit »Bruder Diemar« bezeichnete Figur eines Dominikaners mit Zirkel angebracht, vielleicht der Architekt der Kir-

Die Länge der Dominikanerkirche steht dem Regensburger Dom nur wenig nach

Bettelorden

In der ersten Hälfte des 13. Jh. kam ein völlig neuer Typ religiöser Gemeinschaften auf. Ziel war nun nicht mehr das von der Welt abgeschlossene Bemühen um Selbstheiligung, sondern gemäß dem vorbildhaften Leben der Apostel die Verkündigung des Glaubens. Ganz gezielt gingen die Bettelorden zur Verbesserung der oft mangelhaften Seelsorge in die im 13. Jh. aufblühenden Städte. Begeistert nahmen die Bürger dieses Angebot an, sodass es fast keine mittelalterliche Stadt gab, die nicht wenigstens einen der Bettelorden aufnahm.

Franz von Assisi (1180–1226) gründete den 1223 vom Papst bestätigten Franziskanerorden (auch Minoriten, Minderbrüder oder Barfüßer genannt), während die seit 1216 bestehenden Dominikaner (Predigerbrüder) auf Dominikus Guzman (um 1170–1221) zurückgehen. Waren die Dominikaner schon von vornherein auf Predigt und Seelsorge spezialisiert, folgten ihnen hierin die Franziskaner bald nach. Besonderer Wert wurde auf die sorgfältige Ausbildung der Brüder gelegt, wozu zentrale Generalstudien und innerklösterliche Schulen gegründet wurden.

Von den Zisterziensern wurde zwar das Generalkapitel übernommen, aber es gab kein zentrales Mutterkloster mehr. Der Orden gliederte sich in Provinzen, die nochmals zur besseren Verwaltung unterteilt waren. Jährlich bzw. alle drei Jahre fanden sowohl General- als auch Provinzkapitel statt, um die Einheitlichkeit der Ordensideale dauerhaft zu sichern und Missständen rasch abzuhelfen.

Geleitet wurden die einzelnen Klöster von einem Prior (Dominikaner) bzw. Guardian (Franziskaner), die nicht von den Konventen gewählt, sondern vom Provinzkapitel bestimmt wurden. An der Spitze der Ordensprovinz stand der Provinzial, dessen Amtszeit drei Jahre betrug. Traten die Mönche der alten Orden auf Lebenszeit in ein Kloster ein (stabilitas loci), waren Bettelmönche Angehörige der jeweiligen Ordensprovinz, d.h. sie konnten beliebig vom Provinzkapitel in andere Klöster versetzt werden (Mutation).

Im Gegensatz zu den bisherigen Orden verzichteten die Bettelorden auf die traditionellen Einkünfte aus Grundherrschaften und lebten von Almosen, die aufgrund ihrer Beliebtheit reichlich flossen. Besonders wichtig waren die Einkünfte für die Totengedächtnisse, die aber von den Stiftern dann doch als Zinsen und Pachteinkünfte gezahlt wurden. Um sich nicht gegenseitig Konkurrenz zu machen, grenzten die Klöster der jeweiligen Orden ihre Sammelgebiete (Terminei) gegeneinander ab. Den Spagat zwischen geforderter Armut und notwendigem Besitz zur Versorgung der Mönche lösten die Franziskaner, indem sie den Ordensbesitz als Eigentum des Papstes bzw. der Gesamtkirche ansahen, das sie nur nutzen durften. Weniger weit verbreitet waren Augustinereremiten (1256) und Karmeliten (1210), die ebenfalls Seelsorge in den Städten betrieben.

Franziskanern und Dominikanern schlossen sich rasch zahllose Frauengemeinschaften an, nachdem zu dieser Zeit vor allem Zisterzienser und Prämonstratenser sich weigerten, weitere Nonnenklöster in den Orden aufzunehmen. Streng achteten die Männerklöster, die die Seelsorge übernahmen, bei den Nonnen auf die Einhaltung der Klausur, während die Mönche sich frei bewegen konnten. Da die Schwestern die Klausur nicht zum Betteln verlassen duften, erhielten sie die für alle Nonnenklöster üblichen Einkünfte aus Zehnten, Verpachtungen und Zinsen. Ihre besondere Spiritualität (Mystik) und die Betreuung durch hervorragend gebildete Ordensbrüder sorgte für ein reiches geistliches Leben.

che. Ursprünglich trennte ein Lettner den Chor vom Langhaus ab. Er verschwand ebenso wie die barocke Ausstattung. Am Außenbau verdient der steile Chor mit seinem frühen Strebe- und Maßwerk sowie der reizvoll erhöhte Treppenturm besondere Beachtung. Auch bei der Westfassade wurde mit wenigen Mitteln wie dem großen Maßwerkfenster und dem interessanten Doppelportal eine monumentale Wirkung erzielt.

Die barock veränderten Konventgebäude umschließen noch den gotischen Kreuzgang. Erhalten ist auch der mittelalterliche Hörsaal, den das Kloster 1694 in eine Kapelle zu Ehren des hl. Albertus Magnus umwandelte. Der Katheder, von dem der Heilige angeblich gelehrt haben soll, entstammt allerdings erst der Spätgotik.

Die Dominikanerkirche gehört zu den frühesten gotischen Kirchenbauten Bayerns

Das Innere der Franziskanerkirche ist an Schlichtheit nicht zu überbieten

Heilig Kreuz bewahrte dank einer ununterbrochenen Entwicklung seinen barock überformten mittelalterlichen Baubestand. Aufgrund der Klausur kann während einer Führung nur die Klosterkirche besichtigt werden. 1751–1760 wurde sie zu einem leider viel zu wenig bekannten Kleinod des Rokoko umgestaltet. Der Stuckateur Johann Baptist Modler, der Maler Otto Gebhard und der Bildhauer Simon Sorg schufen dieses eindrucksvoll-heitere Gesamtkunstwerk. Im Zentrum des Hochaltares befindet sich das namensgebende, wundertätige Kreuz aus der Gründungszeit des Klosters. Im Westen der Kirche liegt über dem Kapitelsaal der Nonnenchor.

Öffnungszeiten:
Dominikanerkloster nur mit Führung, Tourist-Information, Tel.: 0941/507-4410
Dominikanerinnenkloster Heilig Kreuz nur mit Führung, Tel.: 0941/51192
Franziskanerkloster/Historisches Museum Di.–So. 10.00–16.00 Uhr bzw. Do. bis 20.00 Uhr
Info:
www.regensburg.de

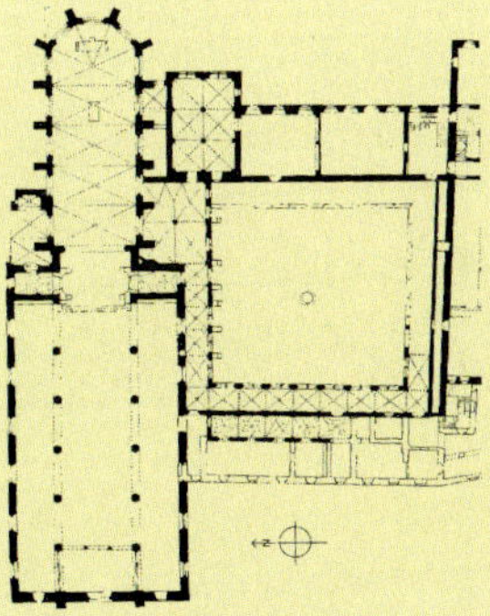

Franziskanerkirche

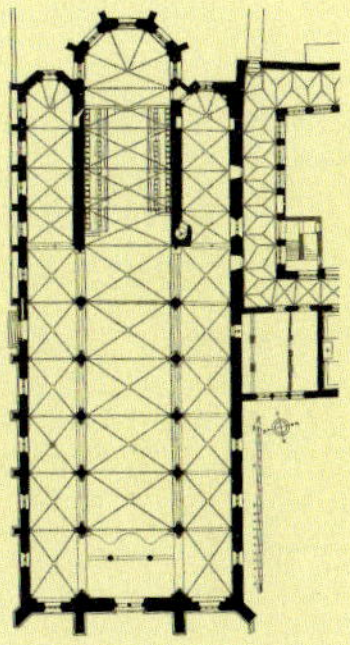

Dominikanerkirche

Streitbare Damen, gefügige Herren
Dominikanerinnen- und Franziskanerkloster Rothenburg ob der Tauber

Rothenburg ist in aller Welt zum Inbegriff deutscher Fachwerkherrlichkeit und Altstadtgemütlichkeit geworden. Doch hat die ehemalige Reichsstadt mehr zu bieten: Hier ist nach den Zerstörungen deutscher Städte im Zweiten Weltkrieg in fast einmaliger Weise der dichte Organismus einer mittelalterlichen Stadt bewahrt. Dazu gehörte fast standardmäßig mindestens ein Bettelordenskloster, von denen sich Rothenburg sogar zwei leisten konnte.

Die Rothenburger Franziskanerkirche hat ihren mittelalterlichen Lettner bewahrt

Aus der Geschichte der Klöster

Das *Dominikanerinnenkloster* gründete 1255 der Reichsküchenmeister Lupold I. von Nordenberg auf seinem Hof in Neusitz. Drei Jahre später zogen die Nonnen hinter die sicheren Mauern von Rothenburg, wo sie den ehem. Wirtschaftshof der Stauferburg geschenkt bekommen hatten. Schon 1265 konnte durch den großen Heiligen des Dominikanerordens, Albertus Magnus, die Kirche geweiht werden. Das Kloster war auf rund 30 Nonnen ausgerichtet, die von vier Priestern betreut wurden. Die Stifterfamilie der Küchenmeister schuf sich mitten in Rothenburg ihr Hauskloster, das ihren Vorrang unter den Ministerialenfamilien der Stadt und des Umlandes betonen sollte. Zahlreiche weibliche Mitglieder dieser Familie traten hier ein. Der Konvent war daher nur dem Niederadel vorbehalten. Daneben lebten hier Laienbrüder und -schwestern, weltliche Angestellte und Pfründner. Letzteres waren Männer und Frauen, die sich ähnlich einem heutigen Altersheim zur Versorgung eingekauft hatten.
Im späten 14. Jh. gelang es der Reichsstadt Rothenburg, einen Streit des Frauenklosters mit ihrem Schutzherrn aus der Stifterfamilie zu ihren Gunsten zu nutzen. Schon länger war der Stadt im Zuge ihres enormen Territoriumsausbaus und ihres Kampfes gegen den Adel der Umgebung das selbständige Leben dieser adeligen Frauen in ihren Mauern ein Dorn im Auge. Nachdem 1378 ein Teil der Nonnen das Kloster dem Schutz der Stadt unterstellt hatte, versuchte diese immer dreister, ihre Interessen durchzusetzen. Der Rat wollte aber die vollständige Kontrolle über das reiche Kloster, weshalb er versuchte, die Frauen als moralisch verkommen zu denunzieren. Da zugleich der Dominikanerorden ein Interesse hatte, die Freiheiten innerhalb der Frauenklöster abzuschaffen, kam es gegen die Rothenburger Nonnen zu einer übermächtigen, unheilvollen Koalition.
1397 wurden sie gezwungen, gefängnisgleich in strenger Klausur unter der Kontrolle eines Beichtvaters aus dem Orden zu leben, das Kloster Bürgerlichen zu öffnen und die Kontrolle ihrer reichen Besitztümer vom Rat eingesetzten Pflegern zu überlassen. Ein Teil des Konventes unter der Priorin Ursula von Seckendorf leistete erbitterten Widerstand und wurde vom Rat der Stadt sogar einige Zeit in den Gefängnisturm gesperrt. Auch die adelige Verwandtschaft der Damen machte mobil. Rothenburg war aber in der stärkeren Position und setzte sich durch. Nachdem der Rat der Stadt 1544 die Reformation angenommen hatte, waren die Tage des Dominikanerinnenklosters gezählt. Noch bis zu ihrem Tod 1554 hielt sich als Letzte standhaft die Priorin Katharina Euler.

Das *Franziskanerkloster* entstand 1281 durch Initiative Rothenburger Patrizier und Niederadeliger. Einer der Hauptgründer war ein Bruder des Stifters des Dominikanerinnenklosters. Dennoch war die franziskanische Niederlassung von Beginn an fest im städtischen Organismus verankert. Der wachsende Besitz der Nachfolger des hl. Franziskus wurde dauerhaft von zwei städtischen Pflegern kontrolliert. Jährlich musste der Guardian ihnen Rechenschaft über die Klosterwirtschaft ablegen. Wie in vielen Städten kam es auch in Rothenburg zu Streitigkeiten um die Pfarrrechte. In der Beliebtheit der bürgerlichen Stiftungen für Jahrgedächtnisse überflügelten die Franziskaner rasch die städtische Pfarrkirche. Etwa 15 bis 20 Mönche, die der Mittelschicht von Stadt und Umland entstammten, sorgten sich um das Seelenheil der Bürger. Im frühen 16. Jh. zerstritt sich der Konvent über die Frage der Obser-

Entgegen dem Ordensverbot wurde das Treppentürmchen der Franziskanerkirche aufwendig verziert

vanz, d. h. einer strengeren Regelbefolgung. Um den blinden Prediger Johann Schmidt bildete sich zudem um 1521 eine lutherische Gruppierung. Aufgrund seiner Unterstützung aufständischer Bauern ließ der Rat der Stadt Schmidt 1525 hinrichten. Beim Übertritt der Stadt zur Reformation 1544 lebten im Kloster noch zwei Brüder, die alles andere als eine Zierde des Ordens waren. Nur eine Episode blieb die Einrichtung der städtischen Lateinschule in den leeren Klostergebäuden 1559–1592. Die Reste der spätgotischen Klostergebäude an der Südseite der Kirche, die durch Abbruch 1843 stark dezimiert wurden, nutzt heute das Goethe-Institut.

Rundgang durch die Klöster

Das *Dominikanerinnenkloster* konnte sich im Areal eines ehem. Wirtschaftshofes der Burg ausdehnen, der vor der Stadterweiterung in der Nordwestecke der Stadtmauer lag. Zwei ältere Häuser wurden in die Klostergebäude miteinbezogen. Seit 1933 dienen die mittelalterlichen Konventgebäude rund um den gotischen Kreuzgang dem Reichsstadtmuseum und sind daher vollständig zugänglich. Allein die Kirche wurde mitsamt dem südlichen Kreuzgangflügel 1812/13 abgebrochen. Während sich heute auf der Grundfläche der Kirche ein Garten befindet, konnte 1980 der fehlende Teil des Kreuzgangs rekonstruiert werden. Da die Dominikanerinnen ihr Chorgebet auf der Nonnenempore im Westteil der Kirche hielten, wurde im Obergeschoss des angeschlossenen Westflügels das Dormitorium angelegt. Der Schlafsaal, dessen Holzstützen und Decke dem 17. Jh. entstammen, war wohl ursprünglich in einzelne Zellen unterteilt. Das heutige Südfenster bildete einst die Tür auf die Nonnenempore. Dieser Wohnbereich der Schwestern wurde Ende des 15. Jh. grundlegend erneuert.

Im Erdgeschoss des Westflügels befindet sich der Kapitelsaal, der sich unmittelbar an die Kirche anschloss (hier die Passionsfolge vom Lettner der Franziskanerkirche). Holzstütze und Balkendecke mit Resten der Bemalung stammen aus dem 15. Jh. Anfang des 16. Jh. ließen die Nonnen das benachbarte Refektorium umbauen. Schon frühzeitig richteten sie sich im Obergeschoss des Nordflügels ein heizbares

Bettelordensgotik

Die Bettelorden entwickelten einen eigenen Kirchenbautyp. Von den Zisterziensern übernahmen sie den Turmverzicht zugunsten eines Dachreiters sowie die auffällige Länge der dreischiffigen, großen Kirchen. Darüber hinaus verzichteten die Bettelorden generell auf ein Querhaus. Gewölbt werden durfte nur der Chor, während das Langhaus flach gedeckt blieb. Die Chöre sind lang gestreckt, um das Chorgestühl für die großen Konvente aufzunehmen. Ein Lettner, wie er in der Rothenburger Franziskanerkirche noch erhalten ist, trennte Mönche und Laien. Die gotische Architektur wurde auf das absolut Notwendige reduziert, wodurch eine eigenständige Spielart dieses Baustils entstand. Aufgrund seiner bezahlbaren Zweckmäßigkeit wurde er auch für viele mittelalterliche Pfarrkirchen vorbildhaft. Die nüchternen, weiten Sakralräume der Bettelorden waren vorrangig auf das Hauptziel der Orden, die Volkspredigt, ausgerichtet, weshalb gerne von »Predigtscheunen« gesprochen wird.

Die Konventgebäude waren um einen Kreuzgang angelegt. Der Ostflügel (bei den Frauenklöstern der Westflügel) enthielt im Erdgeschoss u. a. den Kapitelsaal, während sich darüber das Dormitorium mit Einzelzellen erstreckte. Auf Wirtschaftsgebäude konnte dank der andersartigen Einkünfte verzichtet werden.

Winterrefektorium ein, dessen hölzerne Halbtonnendecke 1340 entstand und damit zu den ältesten Beispielen dieses Typs in Süddeutschland gehört. Am eindrücklichsten führt die Küche in die Welt des mittelalterlichen Nonnenklosters. Sie entstand in der zweiten Hälfte des 13. Jh. und gehört damit zu den ältesten erhaltenen Klosterküchen in Deutschland. Allein die beeindruckenden Ausmaße des Kamins zeigen, dass hier nicht nur täglich für die Nonnen und einige Bedienstete, sondern auch für viele Armen gekocht wurde. Sie erhielten ihr Essen durch eine Drehlade in der Nordwand, da die Schwestern die Klausur nicht verlassen durften.
Der Ostflügel, durch den heute das Museum betreten wird, wurde in nachklösterlicher Zeit am stärksten umgebaut. Im Erdgeschoss befand sich im Mittelalter die Pförtnerzelle und ein vergittertes Sprechzimmer, in dem die Nonnen nach Einführung der strengen Klausur Besuch empfangen konnten. Zur Kirche hin lag die Sakristei, die mittels einer Drehlade mit der Kirche verbunden war.

Die ersten Franziskanermönche, die von Schwäbisch Hall kamen, konnten einen exklusiven Bauplatz in der Herrengasse besetzen, einer der Hauptstraßen Rothenburgs, die den Marktplatz mit dem ehem. Burggelände verbindet. Bei der feierlichen Weihe der *Franziskanerkirche* 1309 war sogar Königin Margarethe von Brabant zugegen, die Gemahlin König Heinrichs VII. Der Bau ist ein typischer Vertreter der sog. Bettelordensgotik und zeigt die größte Ähnlichkeit mit der Franziskanerkirche in Freiburg im Breisgau. Gemäß den Ordensgewohnheiten ist nur der Chor gewölbt und daher mit Strebepfeilern versehen, während das Langhaus eine Flachdecke trägt. Der Chor empfängt reichlich Licht durch die schmalen, hohen Maßwerkfenster, während das Mittelschiff über den schlichten Arkaden nur kleine Fenster

Aus der einmaligen Stadtsilhouette Rothenburgs ragt das lang gestreckte Dach der Franziskanerkirche heraus

Während die Kirche der Dominikanerinnen zerstört wurde, blieben die Klostergebäude erhalten. Die Tür im Westflügel führte ursprünglich auf die Nonnenempore

zeigt, die zudem flach wie an einem Profanbau schließen. Einzig der Treppenturm, der zur Herrengasse ausgerichtet ist, bricht mit der Schlichtheit des Bauwerks. Zwar folgt er dem Verzicht des Ordens auf massive Glockentürme, doch ließen die Rothenburger Franziskaner einen zierlichen, maßwerkgeschmückten Aufbau schaffen, der deutlich mit den Türmen der Pfarrkirche konkurriert.

Ein selten erhaltenes Beispiel ist der Lettner, der den Chor der Mönche vom Langhaus der Laien trennt und durch alle drei Schiffe durchläuft. Er besteht aus einer Folge von fünf Gewölbejochen, unter denen noch die steinernen Altartische stehen, die bis zur Reformation reiche Aufbauten trugen. Über den Stifterwappen hat sich noch die hölzerne Brüstung von 1380/90 mit den beschädigten Malereien der Passion Christi erhalten. 1494 wurde ihnen eine neue Passionsfolge vorgeblendet, die Martin Schwarz, Guardian des Klosters, malte. Sie befindet sich heute im Reichsstadtmuseum. Auf dem Lettner steht seit der Mitte des 14. Jh. das beeindruckende Kruzifix. Die spätgotische Figur des Apostels Jakobus des Älteren am Durchgang in den Chor erinnert daran, dass Rothenburg einst eine wichtige Etappe auf dem Weg zum Grab dieses Heiligen in Santiago war.

Anstelle des ehem. Hochaltares steht heute der Franziskusaltar, dessen Figuren um 1490 Tilmann Riemenschneider schuf, während Fassung und Malereien auf Martin Schwarz zurückgehen. Dargestellt ist die Stigmatisation des hl. Franziskus. Die Beliebtheit der Klosterkirche als Bestattungsort wohlhabender Bürger und Adeliger hinterließ einige hervorragende spätgotische Grabmäler. An erster Stelle ist hier jenes für Dietrich von Berlichingen (gest. 1484) im Durchgang zum Chor zu nennen. Die selbstbewusste Figur des Ritters im Plattenharnisch mit Schwert und Paternoster-Schnur tritt fast freiplastisch vor die Platte mit Wappen und Inschrift.

Zu den frühen Werken Riemenschneiders zählt der Altar im Chor der Franziskanerkirche

Auf originelle Weise schmiegen sich die beiden figürlichen Epitaphien für Hans von Peulendorf (gest. 1504) und seine Ehefrau Margarethe von Ehnheim (gest. 1496) an den östlichen Pfeiler der Nordseite. An der gegenüberliegenden Wand des Seitenschiffes befindet sich die Nische für die Familiengrablege der Kreglinger. Darüber ließ das Ehepaar Peter Kreglinger und Elisabeth Trüb eine Muttergottesfigur anbringen und sich betend an der Konsole darstellen.

Öffnungszeiten:

Dominikanerinnenkloster (Reichsstadtmuseum) April–Okt. 10.00–17.00 Uhr, Nov.–März 13.00–16.00 Uhr

Franziskanerkirche täglich 10.00–12.00 und 14.00–16.00 Uhr, Jan./Febr. nur Sa. und So.

Info:

Reichsstadtmuseum, Tel.: 09861/939043

Ev. Pfarramt St. Jakob, Tel.: 09861/7006-20

www.reichsstadtmuseum.rothenburg.de

www.rothenburgtauber-evangelisch.de

www.rothenburg.de

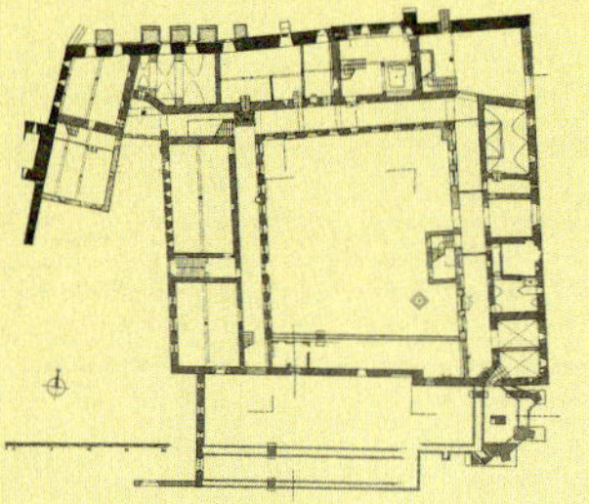

Dominikanerinnen

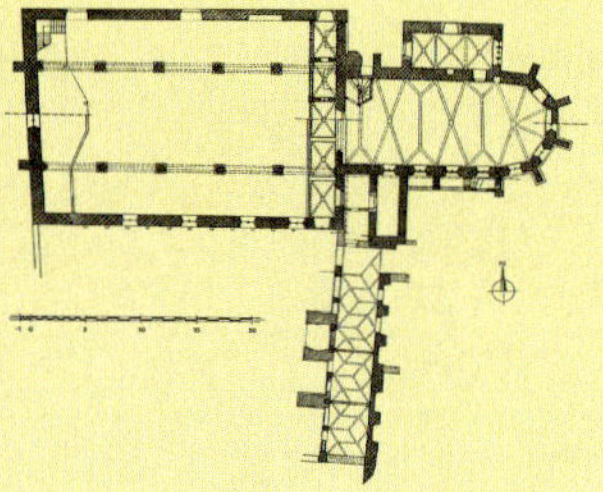

Franziskaner

Gemeinschaftliche Einsamkeit
Kartäuserkloster Buxheim

Die Buxheimer Kartause ist die am besten erhaltene Klosteranlage dieses Ordens in Deutschland. Mit der Annakapelle der Gebrüder Zimmermann und dem virtuosen Chorgestühl des Ignaz Waibl sind hier zudem wahre Kleinodien bayerischen Barocks zu bewundern.

Die Annakapelle im Kreuzgang – eine Wieskirche en miniature

Aus der Geschichte des Klosters

1402 übergab Heinrich von Ellerbach das von ihm geleitete Stift, das in wirtschaftliche und religiöse Schieflage geraten war, an den Kartäuserorden. Er tat dies mit Unterstützung seines Neffen, des Augsburger Bischofs Burkhard von Ellerbach. Die nahe Reichsstadt Memmingen nahm die Gründung, die zu Ehren der Gottesmutter Maria Saal genannt wurde, unter ihren Schutz. Die Kartause erhielt reiche Zuwendungen aus dem schwäbischen Großbürgertum und Adel. So konnte bis Anfang des 16. Jh. die anfängliche Zahl von sechs Zellen, was der Anzahl der einstigen Stiftsherren entsprach, durch Stiftungen kontinuierlich auf vierundzwanzig erweitert werden. Damit wurde die vom Orden festgelegte Höchstzahl um fast das doppelte übertroffen. Ob dieser wirtschaftlichen Blüte immer auch das religiöse Niveau entsprochen hat, ist zumindest fraglich. Denn häufig wurden die Prioren vom Generalkapitel ausgetauscht.
In der Reformationszeit geriet Buxheim in große Schwierigkeiten, da ein Teil des Konventes den Glauben wechselte und flüchtete. 1543 hielten sich nur noch je zwei Mönche und Laienbrüder im Kloster auf. Bedrohlich war auch der Übertritt Memmingens zum Protestantismus. Denn die Reichsstadt, die sich schon früh gegen eine für sie allzu schädliche steuerliche Begünstigung der Kartause gewehrt hatte, wollte sich nun deren reichen Besitz unter dem Vorwand religiöser Interessen einverleiben. Die 1546 begonnene Ausplünderung konnte noch im gleichen Jahr durch den Sieg der katholischen Seite über den Schmalkaldischen Bund gestoppt werden. Kaiser Karl V. entzog der Reichsstadt den Schutz der Kartause und verlieh ihr 1548 die Reichsfreiheit, die sich von der rechtlichen Stellung des Vorgänger-Stiftes ableitete.

So konnten die Mönche kontinuierlich ein unabhängiges Territorium aufbauen. Im Dreißigjährigen Krieg

Blick vom Kreuzganginnenhof auf Kloster- und Pfarrkirche

In vier Jahren schuf der Tiroler Ignaz Waibl das berühmte Chorgestühl der Kartäuser

erlitt die Kartause schwere materielle Schäden. Ab dem Ende des 17. Jh. war aber der Wohlstand wieder gesichert. Sichtbarer Ausdruck ist die bis Mitte des 18. Jh. abgeschlossene vollständige Barockisierung der Klosteranlage.
Nachdem schon Kaiser Joseph II. 1782 alle Kartäuserklöster in Österreich geschlossen hatte, brachten flüchtende Mönche aus der 1792 durch die französische Revolutionsregierung aufgelösten Grand Chartreuse auch aus dem Westen Besorgnis erregende Kunde. Der letzte Buxheimer Prior versuchte noch, beim Kaiser mit Hinweis auf die gewaltigen finanziellen Leistungen des Klosters für den Krieg gegen die Franzosen eine Auflösung zu verhindern. 1802 folgte dennoch die Enteignung. Der neue Besitzer, Graf Maximilian von Ostein, gewährte dem Konvent aber ein Bleiberecht. Allerdings durften keine Novizen mehr aufgenommen werden. 1810 fiel Buxheim an die Grafen Waldbott von Bassenheim, die den Konvent auflösten, um die Gebäude als Schloss zu nutzen. 1860 starb der letzte Kartäuser als Schlosskaplan. Ende des 19. Jh. begann der Ausverkauf der mit Kunstwerken reich gefüllten Klosteranlage, da die Grafen bankrott waren. 1883 veräußerten sie Chorgestühl, Altäre, Kirchenschätze, Gemälde und die Bibliothek. Die heruntergekommenen Gebäude wurden 1916 teilweise an den bayerischen Staat abgetreten. Zehn Jahre später erwarben die Salesianer Don Boscos die ehemalige Kartause und führten sie wieder einer würdigeren Verwendung zu. Bereits 1925 hatte Graf Ludwig mit

wertvollen Kelchen und Paramenten sowie der reichen Gemäldesammlung jedoch den kostbaren Rest klösterlichen Wohlstands an die Abtei Ottobeuren verkauft. Heute betreiben die Salesianer in dem erweiterten Gebäudekomplex Gymnasium, Internat und Tagesheim. Seit 1975 unterhält der Heimatdienst Buxheim e.V. in drei Mönchszellen ein Kartausenmuseum. 1980 konnte mit großem finanziellem und ideellem Engagement vieler Beteiligter das prachtvolle Chorgestühl aus einem englischen Kloster zurückgekauft werden.

Rundgang durch das Kloster

Beim Eintritt in das Klostergebäude überrascht zunächst die Weite des Kreuzgangs. Dessen Ausmaße waren durch die Vielzahl an Einzelzellen bedingt, die nebeneinander lagen, sich aber nur noch auf der Nord- und Südseite erhalten haben. Zwei dieser kleinen Häuschen sind zugänglich, eines davon als Museum. Das andere wurde wieder original eingerichtet und vermittelt anschaulich die besonderen Lebensbedingungen dieses gemeinschaftlich geführten Einsiedlerlebens. Jedes Haus enthielt einen Vorraum, ein heizbares Wohn- und Arbeitszimmer mit Betpult und Schlafkammer, Toilette mit Wasserspülung sowie eine Werkstatt. Hinter dem Haus lag ein Nutz- und Ziergarten. Die Einrichtung war in allen Zellen schlicht, aber zweckmäßig. In die Durchreiche neben der Eingangstür erhielt der Kartäuser sein Essen gestellt. Im Kloster gab es ein ausgeklügeltes System für Frisch- und Abwasser, wovon noch die Brunnen in den Ecken des großen Kreuzgangs zeugen.
In den Innenhof des großen Kreuzgangs ragt der Chor der Kirche hinein, sodass der Hochaltar und der Ort des Chorgebetes im Zentrum der Anlage stehen. Der Westflügel des großen Kreuzgangs durchläuft die Kirche und trennt damit wie ein Lettner den Chor der Mönche vom Langhaus der Laienbrüder. Der Wohn- und

Kartäuser

Der Orden nennt sich nach dem ersten Kloster im einsamen Hochtal von Chartreuse (lat. Cartusia) bei Grenoble. Hier gründete 1084 der hl. Bruno von Köln (1030–1101) eine Gemeinschaft von Einsiedlern, die nach dem Vorbild altchristlicher Wüstenväter Selbstheiligung durch asketisches Leben suchten. Bruno gab seinen Eremiten ein festigendes Band aus Elementen gemeinschaftlichen Klosterlebens. So lebten die Mönche einzeln in kleinen Häuschen mit Garten um einen weitläufigen Kreuzgang. Dieser führte in die Gemeinschaftsräume wie Kirche, Bibliothek, Kapitel- und Speisesaal, die um einen zweiten, kleineren Kreuzgang lagen. Um dem Einzelnen mehr Raum zu geben, beschränkte der Orden die Gemeinschaft in der Regel auf zwölf Mönche und den Prior sowie sechzehn Laienbrüder.
Um 23 Uhr begannen die Mönche mit ihrer ersten, dreistündigen Gebetszeit, zuerst in der Zelle, anschließend in der Kirche. Danach konnte vier Stunden geschlafen werden, bis um 6 Uhr eine Stunde in der Zelle gebetet wurde. Nach der Konventmesse um 7 Uhr durfte der Vormittag eigenständig mit Lesen, Arbeit oder Meditation in der Zelle verbracht werden. Dort nahm der Kartäuser auch sein Mittagessen ein. Nur an Sonn- und Feiertagen wurde im Refektorium gemeinsam gespeist und anschließend eine Stunde miteinander gesprochen. Ansonsten herrschte strenges Schweigen. Bis zur Komplet um 18 Uhr gliederte sich der Nachmittag ebenfalls in Gebets- und Arbeitszeiten, die größtenteils in der Zelle verbracht wurden.
Nach dem Vorbild der Zisterzienser trafen sich die Vorsteher der einzelnen Kartausen, Prior genannt, einmal im Jahr zum Generalkapitel, dessen Entscheidungen bindend waren. An der Spitze stand als Ordensgeneral der Prior der Grand Chartreuse.

Die Buxheimer Pfarrkirche bewahrt mit der gotischen Ton-Madonna ein überaus kostbares Kunstwerk des Mittelalters

Meisterwerke virtuoser Schnitzkunst sind die Apostelfiguren

Arbeitsbereich der Laienbrüder ist um einen zweiten, kleineren Kreuzgang angesiedelt, an den sich auch Bibliothek und Refektorium anschließen. In den ehemaligen Wirtschaftshof ragen die großen Flügel des Gästebaus und des Priorates als Sitz des Priors hinein. Nicht mehr erhalten ist der Kapitelsaal, der südlich des Chores lag. Aufgrund des abgeschirmten Lebens der Kartäuser wurde für den Pfarrgottesdienst ein eigenständiger Sakralbau vor der Klosterkirche errichtet.
Die gesamte Anlage stammt noch aus der Spätgotik, wurde aber umfassend barockisiert. Mit der Umgestaltung beauftragten die Kartäuser die Brüder Dominikus und Johann Baptist Zimmermann, die hier am Anfang einer glänzenden Karriere tätig waren. 1709–1712 wandelten sie den Innenraum der Kirche mit reichem Stuck und farbenfrohen Fresken in einen festlichen Barocksaal um. Gleichzeitig schufen sie die Marienkapelle auf der Nordseite des Langhauses. Das Bildprogramm der Kirche ist ganz auf den Kartäuserorden und seine Heiligen abgestimmt.
Ein Höhepunkt barocker Schnitzkunst sowie Prunkstück des gesamten Klosters ist das Chorgestühl aus Eichenholz. Der Tiroler Bildhauer Ignaz Waibl setzte mit seiner Werkstatt ab 1687 in vier Jahren das vom Kloster vorgegebene theologische Programm in einen virtuosen Figuren- und Schmuckreichtum um. Nachdem das Gestühl 1980 zurückerworben werden konnte, vergingen bis zur endgültigen Aufstellung 1994 Jahre der Restaurierung und Ergänzung verlorener Teile.
1699–1700 konnte durch Waibl noch der Zelebrantensitz hinzugefügt werden, der immer in der Kirche blieb. Die Einbauten der Bibliothek, die ebenfalls ein Werk

Waibls waren, wurden Ende des 19. Jh. nach Worms verkauft, wo sie im Zweiten Weltkrieg bis auf die Figuren verbrannten (Heylshof).

Der Hochaltar sollte im Zuge der Barockisierung im 18. Jh. ersetzt werden, verblieb aber aus unbekannten Gründen an Ort und Stelle. 1631 entstanden, ist er ein qualitätvolles Werk des Frühbarock. Besonders eindrucksvoll sind die Figuren Johannes des Täufers und des hl. Hieronymus, beides Vorbilder für ein asketisches Eremitenleben.

Nachdem Dominikus Zimmermann zusammen mit seinem Sohn Franz den Kreuzgang barockisiert hatte, schuf er 1738–1741 zusammen mit seinem Bruder Johann Baptist die Annakapelle in dessen Nordwestecke. Auf kleinstem Raum zeigen hier beide die Summe ihres überragenden Könnens. Es entstand sozusagen eine Wieskirche im Kleinen.

Sehr zu empfehlen ist ein Besuch der benachbarten Pfarrkirche St. Peter und Paul. 1726–1729 errichtet, ist sie eines der frühesten Werke Dominikus Zimmermanns als Architekt. Der qualitätvolle Stuck des Innenraumes stammt ebenfalls von ihm. Im Vergleich zu den schweren, italienischen Formen der Klosterkirche verwendete er hier die modernen Formen des Bandelwerks. Von herausragender Bedeutung und besonderer Schönheit ist die spätgotische Muttergottesfigur auf dem linken Seitenaltar. Die fast lebensgroße Terrakottafigur mit aufwendiger Farbfassung gehört zu den großen Leistungen dieser fragilen Kunst am Anfang des 15. Jh. Aus der gleichen Werkstatt hat sich im Eichstätter Dom eine ganz ähnliche Figur erhalten.

Öffnungszeiten:
Großer Kreuzgang, Annakapelle, Klosterkirche und Museum in den Zellenhäuschen gegen Eintritt zugänglich. Refektorium und Chorgestühl nur mit Führung.
April–Okt. täglich 10.00–12.00 und 14.00–17.00 Uhr, letzter Einlass halbe Stunde vor Schließung
Nov.–März nur mit Führung zugänglich

Info und Führungen:
Heimatdienst Buxheim e.V.,
Frau Antonie Ostler, Tel.: 08331/61804
Rathaus, Tel.: 08331/97700
www.heimatdienst-buxheim.de

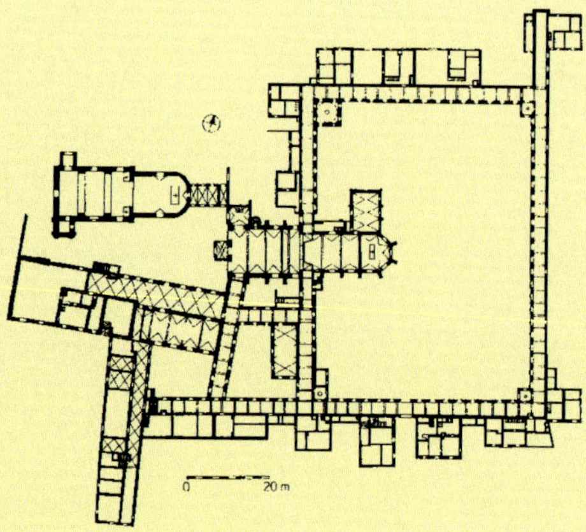

Himmlischer Theatersaal
Birgittenkloster Altomünster

Klause eines heiligen Eremiten, Hauskloster der Welfen, einziges bestehendes Birgittenkloster im deutschsprachigen Raum, letztes Werk des genialen Architekten Johann Michael Fischer: In Altomünster ist Besonderes zu erwarten!

Das Kuppelfresko erinnert an die Übergabe des Stiftungsbriefes 1497 durch Herzog Georg den Reichen und Herzogin Hedwig an die Birgittinnen.

Aus der Geschichte des Klosters

Der Legende nach ließ sich Mitte des 8. Jh. der schottische Adelige Alto als Eremit in einem großen Waldgebiet nieder. Sein heiliger Lebenswandel kam dem ersten König aus dem Haus der Karolinger, Pippin, zu Gehör, der ihm zur Versorgung von Pilgern und Armen einen Wald schenkte. Alto rodete ihn und errichtete eine Kirche mit Wohngebäuden für weitere Einsiedler, woraus sich später ein Benediktinerkloster entwickelte. Die Verehrung des hl. Alto reicht bis in unsere heutige Zeit. So wird an seinem Todestag, dem 9. Februar, den Gläubigen die Hirnschale auf das Haupt gelegt. Im Mittelalter tranken die Wallfahrer aus ihr sogar die sog. Altominne als Zeichen besonderer Verbundenheit. Eine Quelle, die der Heilige wundersam entspringen ließ, ist unter dem heutigen Alto-Altar gefasst. Ihr Wasser läuft seit der jüngsten Renovierung wieder in ein Becken in der rechten Turmkapelle. Auch das Messer, mit dem Alto gerodet hat, ist noch als Berührungsreliquie vorhanden.

Der hochragende Turm Johann Michael Fischers gehört wohl zu den schönsten des bayerischen Rokoko

Birgitten

Namensgebend war die Gründerin Birgitta von Schweden (1303–1373), eine der bedeutendsten Frauen des Mittelalters. Aus hochadeligem Haus stammend führten sie als Witwe göttliche Visionen nach Rom, wo sie sich stark für die Reform der Kirche und die Rückkehr des Papstes von Avignon einsetzte sowie den Großen der Welt ihr sündhaftes Leben vorhielt. Von Christus selbst bekam sie den Auftrag zur Gründung eines neuen Ordens samt Regel, die 1378 von Papst Urban VI. bestätigt wurde. Besonderes Merkmal ist die Verbindung eines Nonnenkonventes mit einigen Priestern, Diakonen und Laienbrüdern als Doppelkloster. Während dem Beichtvater die geistliche Leitung zukam, hatte die Äbtissin die volle Gewalt. Auch in baulicher Hinsicht hatte Birgitta ganz genaue Vorstellungen, die aber nicht überall vollständig umgesetzt werden konnten.

Eine Neugründung als Benediktinerabtei erfuhr Altomünster wohl Ende des 10. Jh. als eines der Hausklöster und Grablege der Welfen, die zu den mächtigsten Familien im hochmittelalterlichen Kaiserreich aufstiegen. Unter den weiteren welfischen Klostergründungen Rottenbuch, Steingaden und Weingarten stieg Letzteres zum bevorzugten Hauskloster auf, nachdem sich der Hauptsitz der Familie nach Ravensburg verlagert hatte. Daher mussten 1056 die Weingartener Benediktinerinnen mit den Mönchen von Altomünster tauschen. Eine Männerabtei versprach dem Stammsitz wohl mehr Prestige.

Die Nonnen versuchten sich mit ihrer neuen Umgebung vertraut zu machen. Durch den Mönch Otloh von St. Emmeram, einem der wichtigsten Literaten seiner Zeit, ließ die Äbtissin eine Lebensbeschreibung des hl. Alto, ihres neuen Patrons, verfassen. Bedeutendste Äbtissin war Euphemia aus der mächtigen Familie der Grafen von Andechs (1170–1180), die wie ihre Schwester Mechthild von Dießen als Selige verehrt wird. 1244 konnten die Nonnen ihre neue Klosterkirche einweihen. Altomünster geriet im 15. Jh. wie fast alle deutschen Klöster in eine existenzgefährdende äußere und innere Krise, doch fruchteten die Reformversuche hier nicht. Die Besitzungen des aussterbenden Klosters wurden schließlich durch Beamte des Herzogs von Bayern-Landshut verwaltet. Der vierte weltliche Verwalter, Wolfgang von Sandizell, hielt alles gewissenhaft zusammen, da er mit großer Energie die Gründung eines Birgittenklosters betrieb. 1481 war er mit seiner Ehefrau in das Birgittenkloster Maihingen eingetreten. Als Laienbruder behielt Wolfgang seine Bewegungsfreiheit, die er für sein Lebensziel benötigte. So konnte er seinen Herzog für diese Pläne gewinnen und zweimal beim Papst in Rom vorstellig werden. 1488 hob schließlich Innozenz VIII. das Benediktinerinnenkloster zugunsten einer Neugründung durch den Birgittenorden auf. Nach vorbereitenden Baumaßnahmen für den Doppelkonvent konnten 1497 Nonnen und Brüder aus Maihingen in Altomünster einziehen. Die letzte Benediktinerin begrüßte sie angeblich freudig. Schon zwei Jahrzehnte nach der Neugründung geriet das Birgittenkloster in die Wirren der Reformation. 1520 beendete der gebürtige Weinsberger Johannes Hausschein, genannt Oecolampadius, seine kirchliche Karriere und trat als Priester in Altomünster ein. Eine Verteidigungsschrift Luthers brachte ihm die drohende Verhaftung ein, der er sich durch Flucht 1522 entzog. Schließlich ging er nach Basel, wo er die Reformation durchsetzte. Mit ihm verließen mehr als die Hälfte des Brüderkonventes und eine Nonne Altomünster.

Die Zeit des Dreißigjährigen Krieges brachte dem Kloster nicht nur immensen finanziellen Schaden. 1632 flohen Nonnen und Brüder vor den Schweden nach München. Zahlreiche Wirtschaftsgebäude gingen in Flammen auf, drei zurückge-

bliebene Laienbrüder wurden ermordet, zwei greise Nonnen verhungerten. Kaum zurückgekehrt, traf 1634 die Pest den Konvent schwer.
Unter den Vorstehern des Brüderkonventes ragt Prior Simon Hörmann (1669–1701) besonders hervor. 1675 wählte ihn das erste Generalkapitel der nach der Reformation noch verbliebenen wenigen europäischen Birgittenklöster zum Generalprior. Ihm gelang eine Reform des Ordens, die die Erneuerung und einheitliche Befolgung der ursprünglichen Regel der hl. Birgitta zum Ziel hatte. Dank seiner hervorragenden Kontakte nach Rom gelangten 1688 und 1694 fünf Skelette vermeintlicher frühchristlicher Märtyrer aus römischen Katakomben nach Altomünster. Hier wurden sie jeweils mit aufwendigen Feierlichkeiten und geistlichen Schauspielen begrüßt.
Die Altomünsterer Chorschwestern stammten überwiegend aus dem Bürgertum bayerischer Städte, während die Laienschwestern Töchter von Bauern waren. Diese Aufteilung gilt auch für den Männerkonvent, der sich aus Priestern bzw. Diakonen und Laienbrüdern zusammensetzte.
Während die Nonnen in Klausur abgeschieden von der Welt lebten, geriet der Brüderkonvent Ende des 18. Jh. durch die Einflüsse der Aufklärung in einen langjährigen Streit über die Strenge der Lebensführung, der dem Kloster hohe Prozesskosten und einen schlechten Ruf einbrachte. Die durch die Säkularisation 1803 enteigneten Nonnen durften mit einer schmalen staatlichen Pension in den Klostergebäuden ihr bisheriges Leben fortsetzen, während Patres und Brüder zwei Häuser kauften, um weiterhin ihre Aufgaben gegenüber den Schwestern zu erfüllen. Nur drei Nonnen und wenige Patres verließen Altomünster. Mehrmals versuchten die verbliebenen Schwestern des aussterbenden Klosters bei König Ludwig I. eine Wiedergründung zu erreichen. Erst 1841 erlebten die letzten vier Birgittinnen ihr ersehntes Ziel. Allerdings musste seitdem durch päpstliche Entscheidung auf einen Brüderkonvent verzichtet werden.

Rundgang durch das Kloster

Die barocke Kirche des hl. Alto grüßt mit ihrem hoch aufragenden Rokokoturm weit ins Land. Getreu den Vorschriften der hl. Birgitta befinden sich die Klausurgebäude der Nonnen nördlich der Kirche. In ihrer heutigen Form gehen sie weitgehend auf einen Umbau des ausgehenden 16. Jh. zurück, während der dreiflügelige Bau des Brüderkonvents sich südlich an die Kirche anschließt. Dessen Architekt war der Münchener Stadtmaurermeister Johann Mayr. Für den wohl schon länger geplanten Neubau der Kirche verpflichtete das Kloster dessen Schwiegersohn Johann Michael Fischer (1692–1766). Am Ende seiner glanzvollen Karriere als führender bayerischer Architekt des Rokoko gelang ihm in Altomünster noch einmal eine ganz besondere Leistung. Als er 1763 den Auftrag erhielt, hatte er nicht nur den romanischen Turm und den lang gestreckten Chorraum von 1617 mit einzubeziehen, er musste sich auch mit der Hanglage des Bauplatzes und vor allem den besonderen baulichen Anforderungen einer Birgittenkirche auseinandersetzen. Wo andere gescheitert wären, entstand Großartiges. Eine lange Treppe führt den Besucher auf den hochragenden Kirchturm zu, dessen Halle erst nach einer weiteren Treppe effektvoll den Zugang in den achteckigen,

Johann Michael Fischer berücksichtigte beim Bau der Birgittenkirche die besonderen Bauvorschriften des Ordens

zentralen Innenraum freigibt, der schon immer das Gestühl der Pfarrgemeinde aufnahm. Wie Ränge in einem Theater umläuft ein oberer Lauf- und Prozessionsgang für die Nonnen, ein unterer für die Brüder den Raum, beide abgeschirmt durch kunstvoll geschnitzte und vergoldete Gitter. Überhaupt scheint Fischer hier die barocke Grundidee eines Theatrum Sacrum umgesetzt zu haben. Denn der tiefe Chorraum erscheint mit seinen zahlreichen Altären wie ein Bühnenraum. Zentrum dieser »Bühne« war der ursprünglich etwas weiter vorne stehende Tabernakelaltar. Als »Akteure« dienten die sieben Skelette von Katakombenheiligen, deren kostbare Fassungen, geschaffen im Nonnenkonvent, von barocken Theaterkostümen inspiriert sind. Nur die beiden liegenden Skelette an den Altären des Gemeinderaumes waren ständig sichtbar, während die übrigen hinter den fünf versenkbaren Altarbildern sitzend und stehend verborgen sind und nur zu besonderen Gelegenheiten in einer theatralischen Inszenierung sichtbar wurden. Hinter dem erhöht gelegenen Hochaltar befand sich der Gebetsraum der Brüder, während die Nonnen getreu den Vorgaben der hl. Birgitta ihr Chorgebet auf der Empore zwischen Gemeinde- und Altarraum verrichten.
Bis zur Weihe der Kirche 1773 war auch die Ausstattung dieses letzten großen Gesamtkunstwerks des Rokoko vollendet. Fischer verschaffte dem Stuckateur Jakob Rauch (1718 bis nach 1785), mit dem er kurz zuvor schon in Rott am Inn zusammengearbeitet hatte, in Altomünster einen weiteren großen Auftrag. Rauch hatte die berühmte Feichtmayr-Werkstatt übernommen, aus deren Formenrepertoire er schöpfte. Das Weiß des Kirchenraumes ist nicht einfach getüncht, sondern wie Stuck mehrfach aufgetragen und geglättet, wodurch die lichtvolle Architektur einen weichen Schimmer erhält. Der in Augsburg ansässige Freskenmaler Joseph Mages (1728–1769) konnte in Altomünster sein größtes und wichtigstes Werk ausführen. Besonders eindrucksvoll ist das Fresko der zentralen Kuppel. Rund um die Dreieinigkeit wird die Gründung Altomünsters und des Birgittenordens als Teil der göttlichen Vorsehung geschildert. Die Altäre, die mitbestimmend für Fischers Raumkonzept sind, entwarf der Münchner Hofbildhauer Johann Baptist Straub (1704–1784), während an der Ausführung zahlreiche Handwerker und Laienbrüder beteiligt waren. Besonders eindrucksvoll gestaltet sind die vorderen Altäre der hll. Alto und Augustinus mit ihren lichtdurchbrochenen Gloriolen und der reichen Lüsterfassung.

Öffnungszeiten:
Kirche nur sonntags ganz geöffnet, sonst Vorhalle bis Gitter
Klostermuseum Mi–Sa. 13.00–16.00 Uhr, So. 13.00–17.00 Uhr, Tel.: 08254/9543
Info:
Birgittenkloster, Tel.: 08254/8235
www.altomuenster.de
www.museum-altomuenster.de
www.st-alto-st-birgitta.de

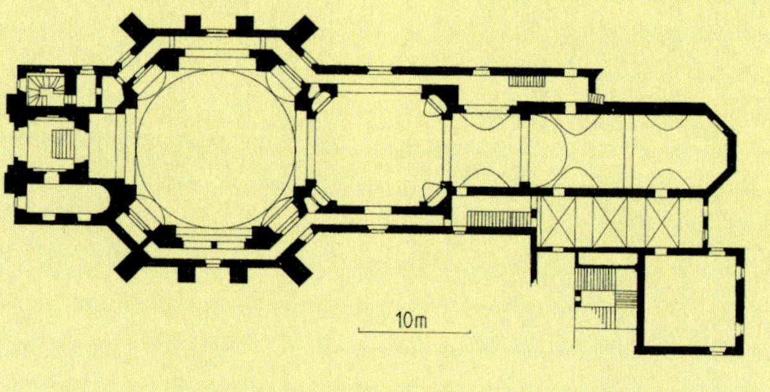

Literaturauswahl

Bayerische Klöster allgemein:

Bauer, Hermann und Anna, Klöster in Bayern, München [2]1993.

Braunfels, Wolfgang, Abendländische Klosterbaukunst, Köln [3]1978.

Lieb, Norbert, Barockkirchen zwischen Donau und Alpen, München [6]1992.

Schiedermaier, Werner (Hg.), Klosterland Bayerisch Schwaben, Lindenberg 2003.

Schneider, Erich, Klöster und Stifte in Mainfranken, Würzburg 1993.

Altomünster:

Grad, Toni (Hg.), Festschrift Altomünster 1973, Aichach 1973.

Liebhart, Wilhelm, Altbayerisches Klosterleben. Das Birgittenkloster Altomünster 1496–1841, St. Ottilien 1987.

Staatl. Hochbauamt Freising (Hg.), Pfarr- und Klosterkirche Altomünster. Dokumentation der Innenrestaurierung 1995–2003, Lindenberg 2003.

Amorbach:

Oswald, Friedrich, Amorbach, München-Zürich 1983.

Oswald, Friedrich und Störmer, Wilhelm (Hg.), Die Abtei Amorbach im Odenwald, Sigmaringen 1984.

Andechs:

Altmann, Lothar, Der Heilige Berg Andechs. Geschichte und Kunst, München-Zürich 1986.

Bosl, Karl u. a. (Hg.), Andechs. Der Heilige Berg von der Frühzeit bis zur Gegenwart, München 1993.

Augsburg, St. Ulrich und Afra:

Liebhart, Wilhelm, Die Reichsabtei St. Ulrich und Afra zu Augsburg 1006–1803, Historischer Atlas von Bayern, Teil Schwaben, Reihe II, Kallmünz 1982.

Lieb, Norbert, Augsburg. St. Ulrich und Afra, München-Zürich [18]1993.

Bamberg, St. Michael:

Braun, Rainer, Das Benediktinerkloster Michelsberg 1015–1525, Kulmbach 1977.

Schwarzmann, Peter, Die ehemalige Benediktiner-Klosterkirche St. Michael in Bamberg, Bamberg 1992.

Dengler-Schreiber, Karin, Der Michelsberg in Bamberg, Bamberg 1993.

Banz:

Theodori, Carl, Geschichte und Beschreibung des Klosters Banz, neubearb. von Alfons Maria Favreau, Lichtenfels 1924.

Alt, Hans-Werner, Kloster Banz, Königstein im Taunus [2]1991.

Dippold, Günter u. a., Kloster Banz. Natur, Kultur, Architektur, Staffelstein 1991.

Hotz, Joachim, Kloster Banz, Bamberg 1993.

Benediktbeuern:

Hemmerle, Josef, Die Benediktinerabtei Benediktbeuern, Germania Sacra N.F. 28, Das Bistum Augsburg, Berlin-New York 1991.

Weber, Leo, Kloster Benediktbeuern, Regensburg 2003.

Buxheim:

Harder-Merkelbach, Marion, Kartause Buxheim, Buxheim 1996.

Petzet, Michael (Hg.), Das Buxheimer Chorgestühl.

Dießen:

Dietrich, Dagmar, Ehem. Augustiner-Chorherren-Stift Dießen am Ammersee, München-Zürich [2]1986.

Fried, Pankraz und Winterholler, Heinrich, Die Grafen von Dießen-Andechs, München-Zürich 1988.

Kirmeier, Josef und Brockhoff, Evamaria (Hg.), Herzöge und Heilige. Das Geschlecht der Andechs-Meranier im europäischen Hochmittelalter, Regensburg 1993.

Ebrach:

Wiemer, Wolfgang, Die Baugeschichte und Bauhütte der Ebracher Abteikirche 1200–1285, Kallmünz 1958.

Weiss, Hildegard, Die Zisterzienserabtei Ebrach, Stuttgart 1962.

Wiemer, Wolfgang (Hg.), Festschrift 700 Jahre Abteikirche Ebrach, Ebrach 1985.

Ders., Zisterzienserabtei Ebrach. Geschichte und Kunst, München-Zürich 1992.

Eichstätt, St. Walburga:

Abtei St. Walburga (Hg.), Hl. Walburga. Leben und Wirken, Eichstätt [2]1985.

Diözesanmuseum Eichstätt (Hg.), Heilige Walburga hilft aus aller Not. Zeugnisse ihrer Verehrung und Verklärung, Ausstellung, Eichstätt 2000.

Zunker, Maria Magdalena OSB, St. Walburga Eichstätt. Kloster- und Pfarrkirche, Regensburg 2001.

Ettal:

Festschrift zum 600jährigen Weihejubiläum der Klosterkirche Ettal, Ettal 1970.

Fischer, Pius, Der Barockmaler Johann Jakob Zeiller und sein Ettaler Werk, München 1964.

Koch, Laurentius, Ettal. Benediktinerabtei-, Pfarr-, Wallfahrtskirche, München-Zürich [5]1988.

Frauenchiemsee:

Brugger, Walter und Weitlauff, Manfred, Kloster Frauenchiemsee 782–2003, Weißenhorn 2003.

Fürstenfeld:

Ehrmann, Angelika (Hg.), In Tal und Einsamkeit. 725 Jahre Kloster Fürstenfeld, 3 Bde., München 1988.

Pfister, Peter (Hg.), Das Zisterzienserkloster Fürstenfeld, Regensburg [2]1998.

Heilsbronn:

Geissendörfer, Paul (Hg.), Heilsbronn, ein Zisterzienserkloster in Franken, Heilsbronn 2000.

Heidacher, Alfred, Die Entstehungs- und Wirtschaftsgeschichte des Klosters Heilsbronn bis zum Ende des 15. Jh., Bonn 1955.

Schuhmann, Günther, Die Hohenzollern-Grablegen in Heilsbronn und Ansbach, München-Zürich 1989.

Kaisheim:

Maier, Birgit, Kloster Kaisheim. Rechts-, Wirtschafts- und Sozialgeschichte der Zisterzienserabtei von der Gründung bis zur Mitte des 14. Jh., Augsburg 1999.

Schiedermair, Werner (Hg.), Kaisheim-Markt und Kloster, Lindenberg 2001.

Kempten:

Schnell, Hugo, Die fürstäbtliche Residenz in Kempten und ihre Prunkräume, München 1947.

Dotterweich, Volker (Hg.), Geschichte der Stadt Kempten, Kempten 1989.

Bayer. Landesamt für Denkmalpflege (Hg.), Die Restaurierung der Basilika St. Lorenz in Kempten, München 1994.

Ottobeuren:

Ottobeuren 764–1964. Beiträge zur Geschichte der Abtei, Augsburg 1964.

Kolb, Aegidius OSB (Hg.), Ottobeuren. Festschrift zur 1200-Jahrfeier der Abtei, Augsburg 1964.

Kolb, Aegidius OSB (Hg.), Ottobeuren. Schicksal einer schwäbischen Reichsabtei, Kempten [2]1986.

Regensburg, Bettelordensklöster:

Popp, Marianne, Die Dominikaner im Bistum Regensburg, in: Klöster und Orden im Bistum Regensburg, Regensburg 1978, S. 227–257.

Hilz, Anneliese, Die Minderbrüder von St. Salvator in Regensburg 1226–1810, Regensburg 1991.

Mai, Paul (Hg.), 750 Jahre Dominikanerinnenkloster Heilig Kreuz Regensburg, Ausstellungskatalog, Regensburg 1983.

Regensburg, St. Emmeram:

Piendl, Max (Hg.), Beiträge zur Baugeschichte des Reichsstiftes St. Emmeram und des fürstlichen Hauses in Regensburg, Thurn und Taxis-Studien 15, Kallmünz 1986.

St. Emmeram in Regensburg. Geschichte-Kunst-Denkmalpflege, Thurn und Taxis-Studien 18, Kallmünz 1992.

Morsbach, Peter, St. Emmeram zu Regensburg, Regensburg 1993.

Rothenburg ob der Tauber, Bettelordensklöster:

Die Kunstdenkmäler der Stadt Rothenburg ob der Tauber. Kirchen, München 1959.

Borchardt, Karl, Die geistlichen Institutionen in der Reichsstadt Rothenburg ob der Tauber, 2 Bde., Neustadt/Aisch 1988.

Muth, Hanswernfried, Rothenburg ob der Tauber. Evang.-Luth. Kirche St. Maria, ehem. Franziskanerkirche, Regensburg 1998.

Möhring, Helmut und Popp, Sigrid, Reichsstadtmuseum Rothenburg ob der Tauber, Rothenburg 2000.

Seeon:

Haderstorfer, Rudolf, Die Säkularisation der oberbayerischen Klöster Baumburg und Seeon, Stuttgart 1967.

Malottki, Hans von (Hg.), Kloster Seeon. Beiträge zu Geschichte, Kunst und Kultur der ehemaligen Benediktinerabtei, Weißenhorn 1993.

Steingaden und Wieskirche:

Backmund, Norbert, Die Chorherrenorden und ihre Stifte in Bayern, Passau 1966.

Haaser, Ingrid u. a. (Hg.), Das ehemalige Prämonstratenserstift Steingaden. Festschrift zur 850-Jahr-Feier, Weißenhorn 1997.

Prönbacher, Hans, Steingaden, Weißenhorn 1997

Ders., »Die neue Wallfahrt auf der Wies«, Weißenhorn 1999.

Waldsassen:

Langhammer, Rudolf, Waldsassen – Kloster und Stadt, Bd. 1, Geschichte der Zisterzienserabtei bis zur Reformation, Waldsassen 1936.

Baumgartl, Edgar, Stiftsbibliothek Waldsassen, München-Zürich 1989.

Hamacher, Bärbel, Stiftsbasilika Waldsassen, Passau 1992.

Leutheusser, Sabine, Die barocken Ausstattungsprogramme der ehemaligen Zisterzienser-Abteikirchen Waldsassen, Fürstenfeld und Raitenhaslach, München 1993.

Weltenburg:

Sauermost, Heinz Jürgen, Die Asams als Architekten, München-Zürich 1986.

Altmann, Lothar, Benediktinerabtei Weltenburg an der Donau. Geschichte und Kunst, Regensburg [3]1997.

Thüringen
Saale
Sachsen
Hessen
Fulda
Werra
Chomutov
Rhön
Hof
Coburg
Karlovy Vary
(Karlsbad)
Banz
Schweinfurt
Cheb
(Eger)
Main
Waldsassen
TSCHECHISCHE
REPUBLIK
3
Bamberg
Bayreuth
Ebrach
Würzburg
93
Plzen
(Pilsen)
Amorbach
7
Bayerischer Wald
Fürth
Nürnberg
Rothenburg
ob der Tauber
Heilsbronn
6
Heilbronn
Bayern
Regensburg
Baden-Württemberg
Eichstätt
Weltenburg
Stuttgart
Kaisheim
9
3
Donau
Isar
Passau
Ulm
Augsburg
8
Altomünster
Fürstenfeldbruck
München
Inn
Buxheim
Seeon
Ottobeuren
Andechs
Dießen
Rosenheim
Frauenchiemsee
Salzburg
7
Konstanz
Kempten
Steingaden
Benediktbeuren
Bodensee
Ettal
Kufstein
Bregenz
St. Gallen
Garmisch-
Partenkirchen
SCHWEIZ
Innsbruck
ÖSTERREICH
Vaduz
0
20
40
60
80
100 km